60歳からの人生デザイン

手ぶらで、笑顔で、機嫌よく過ごすための美学

秋田道夫

ワニブックス

60歳からの
人生デザイン

はじめに

型にはまった年齢の重ね方をしていませんか。

60代とはこうあるべき、年長者とはこうあるべき、リタイヤ後はこうあるべき……。

もし、そんな思い込みにとらわれているのなら、潔く手放してしまいましょう。

わたしたちは多くの「べき」から解き放たれ、もっと軽やかに歩んでいってもいいでしょう。

そう、手ぶらで、笑顔で、機嫌よく。


だって年齢を重ね、経験値は増えているんですから、より快適に、心地よく、人生を歩めるはずでしょう。

もし、そうじゃないのなら。

自分のさまざまな「デザイン」を見直してみたほうがよいかもしれません。

本書は「より機嫌よく生きるためのデザインの仕方」を5つの章に分けて、ご紹介しています。

1章では、心について。

2章では、人間関係について。

3章では、幸せについて。

4章では、お金と健康について。

5章では、人生について。

ゼロから自由にデザインをするつもりで、提案させていただきました。

どの章からでも、どの項目からでも向き合える「読み切り」のスタイルです。

ソファで日差しを浴びながら、書斎で机に向かいながら、はたまた電車に揺られながら楽しんでいただければ幸いです。

もちろん内容を鵜呑《うの》みにすることなどありません。

「今の心に響く一行」を探すつもりで、宝探しのような気持ちで向き合ってください。

最初にお断りしておきたいこと。

それは本書を読んだからといって大成功したり、資産を殖《ふ》やせたり、人脈を築けるわけではない、ということです。

「お灸《きゅう》でツボを優しく突いてもらった時のように〝人生の凝り〟に効く」本書の効用については、そんな表現のほうがしっくりきます。

即効性には期待せず、体質をゆっくり改善していくつもりでお読みください。

もっともお伝えしたいメッセージは「城にこもるな」ということです。

この先一生、どこまで行っても「文明」も「文化」も「仕事」もついて回ります。

さらに言うと、孤立をすればするほど、情報に飢えるようになります。ですから、今置かれた状況を、機嫌よく「いなす」。それが最上の生き方であるように思います。

ではどうすれば機嫌よく「いなす」ことができるのか。

ここからは、各章を読み進めてみてください。

わたしは人が生きる営みを「高速道を、ほどよい車間距離を取りながら走るようなもの」ととらえています。

スピードは速すぎても駄目、遅すぎても駄目。

周りの車と近づきすぎず、よい距離を保つことが肝心です。

マナーがよければ、周りのドライバーとたまさか心が触れ合うこともあるでしょう。

そんな素敵な〝運転〟の仕方を、ご提案したいのです。

人生のハンドルを握るのはあなたです。

60歳からの
人生デザイン
目次

第1章 心のデザイン 017

第2章 人間関係のデザイン

第3章 幸せのデザイン

第4章 お金と健康のデザイン

第5章 人生のデザイン

第1章

心のデザイン

向上心の粗熱と、現実との折り合いをうまくつける

まったく新しいことをスタートさせるには、多かれ少なかれ勇気がいるものです。

もっとも、それには個人差もあるでしょう。


たとえば、こんな話を見聞きすることはありませんか。

「定年後、大学に入学して学び始めた」

「60歳から勉強を始めて、難関といわれる国家資格を取得した」


まったく新しいことに挑戦する勇気は、すばらしいものです。

それは「向上心」ともいえるでしょう。

年齢を重ねても頑張れる人は、どんどん頑張ればいいのです。

ただ、問題は「そうではない人」です。

たとえばわたし自身の場合。「今からまったく新しいことを、100点満点を目指して頑張れるだろうか」

そう想像するだけで、ちょっと疲れてしまうのです。


実はわたしは、昔から「60点主義」で生きています。

「100点満点なんて目指さなくてもいい。60点とれれば十分」ととらえています。

それは、自分自身に無理をさせないことがベストと思っているからです。


もっと言うと……。

「60点しかとれなくていい。そのかわりに好きなことをすればいい」と思います。

その「好きなこと」がすでに経験ずみのことだったり、自分の守備範囲のことなら、より理想的です。

何歳になっても、向上心の粗熱が残っているのは、すばらしいこと。

でも「なぜだか若い時のように効率よくできない」と感じる瞬間があるなら。

活動のボリュームをしぼったり、少し楽に生きることを、自分に許してもよいのかもしれません。

いろんな呪縛から、自分を解き放つ

人を本質的に理解することは、なかなか難しい営みです。

そのせいでしょうか、いろんなレッテルを貼って「わかったつもり」になってしまうことって、結構よくある気がします。

代表例が「関西人」というレッテルでしょう。

関西生まれ、関西育ちと聞いただけで「がめつい人」「商売上手」……。

そんなイメージが浮かぶ人は、けっして少なくないはずです。

かく言うわたしも、関西人。生まれも育ちも大阪です。

そう明かすと「関西人ぽくないですね」と驚かれることもしばしば。つまり「あの人は○○だから」というレッテル貼りに、わたしはさして意義を感じないのです。

既存の価値観や典型例に、生身の人間を当てはめて考えても、うまくいかないと思うのです。

もう一つの例が「世代論」です。

団塊の世代、バブル世代、団塊ジュニア、ゆとり世代、さとり世代……。

今まで多くの呼称が生まれ、その特徴が十把ひとからげにして、もっともらしく語られてきました。

「団塊の世代は、会社に忠誠心を持って働く」

「ゆとり世代は、ワークライフバランスを重視しがち」

でも、そんな典型的とされる特徴に当てはまらない人も、多数存在するはずです。

たとえば団塊の世代でも、会社への忠誠度は低かったり、なんなら会社勤めはせずに自分で事業を興したり。「平均的」ではない働き方を選んだ人も大勢存在しているでしょう（わたしも、団塊の世代の少し〝後輩〟ですが、そんな一人です）。生まれた年だけで個人の価値観や特徴まで勝手に規定してしまう態度は、ちょっともったいない気がします。

その最たる例が「老人」というくくりではないでしょうか。

言葉の扱い方が、あまりにも雑で乱暴な気がします。

「老人」といっても、その個性はさまざまですし、その言動も人によります。

それなのに、「老害」という言葉が出てきたことも手伝ってか、なんでもかんでも「老人は」と安易に批判されてしまう風潮には困ったものです。

それなら〝若害〟、つまり若い世代による害だってあるんじゃないか、と言いたくもなります。

反論はさておき、自分の中にある「レッテルへのこだわり」(こうあるべきという思い込み)も、なかなか手強《てごわ》いものです。

たとえば、「もう年だから」という思考なんて、軽やかに手放したほうがいいでしょう。何歳になっても、人に嫌われない範囲で、好きなことや面白いことを探して、それに没頭していいんです。

「もう年だから」と、「その年代っぽいこと」をする必要なんてありません。

以前、わたしよりも年長のKさんにこう言われたことがありました。

「秋田くん。年をとっても、作務衣《さむえ》は着ないでね。作務衣を着て、禅の話なんてしないでよ」

誤解しないでくださいね、わたしは「作務衣」や「禅の話」が駄目だと言いたいわけじゃないんです。

「一定の年代になったら、作務衣を着て、悟ったようなふりをして禅の話をするのが人生の定石であり、ゴールでもある」

そんな世間一般の常識に縛られるなよ、とKさんは伝えたかったのでしょう。

そもそもわたしは独立後、仕事場でも常にチャンピオンのTシャツにリーバイスのジーンズといった、アメカジ（アメリカンカジュアル）の作業着で通してきました。

つまり、ずっと〝作務衣〟で通してきたようなものです。

今さら作務衣に憧れることなんて、ありません。

思えばわたしは、「その年代の理想像」（その組織のメンバーとしての理想像）をわかってはいても、それが本質的に重要でないと判断したら、採用はしませんでした。

そして「こうあるべき」という一般的な理想像らしきものを、「呪縛」という言葉でとらえていました。

たとえば20代の頃。「徹夜が当然」という雰囲気の職場でも、無理をしないで21時台には退社していました。

「デザイナーたるもの、長時間働くべし」という価値観が〝呪縛〟に思えたからです。また、徹夜をしない働き方こそ、自分のパフォーマンスを最大限に高めてくれるとわかっていたからです。


仕事で命じられたり、誰かから引き受けたことでもない限り、意に染まないことを行う必要なんてありません。

周りの空気を読んで、同調圧力に従うこともないでしょう。

そんな「意に染まないこと」を行い続けていると、ストレスとなって、心身がやがてむしばまれてしまいます。

そうなると「機嫌をよくする」どころの話ではありません。


話を元に戻しましょう。

「老人らしく振る舞わなきゃ」なんて、行動を制限する必要はありません。

誰もが「面白い」と感じること、好きなことに存分に打ち込めばいいのです（もちろん「嫌われたり、迷惑をかけたりということのない範囲で」という条件つきですが)。

若い頃を思い出してみてください。

「若者らしく振る舞わなきゃ」なんて思ったことは一度もないはず。

面白いこと、好きなことを懸命に追いかけていたでしょう。

何歳になっても、それが当たり前の生き方ではないでしょうか。

これからは、もっと自由です

わたしは2023年の6月に70歳になりました。

70歳になって感じたのは「何もイベントがない」という事実です。

昔からある「いくつになったら祝う」というイベントの真意がやっとわかりました。

65歳などで、「定年退職」のようなビッグイベントがあるのを最後に、世間的には何も起きないわけです。

わたしの場合、35歳の時に会社を出てフリーになってしまったので、その線引きの経験すらありません。

ある意味、世間は遊んではくれない。構ってはくれないのです。

70歳になって、もう一つ感じたことがあります。

それはイベントどころか、「規範」すらも存在しないということです。

自分を縛るもの、ルールや「すべきこと」が、もう見当たらないのです。

また「年の割には若くありたい」という気負いのようなものも消えてくれました。

つまり「年齢」という概念からも解放されたのです。

こんなに自由で楽な状態はありません。

たとえると、69歳までが成層圏内でもがいていたのに、70歳になるとポカーンと宇宙に放り出されたような感覚です。

率直なところ「70歳になってしまったのだから、じたばたしても仕方がない」という感じでしょうか。前向きに諦めています。

逆に言うと、60代という10年間は、悩むのがごく当たり前というか、自然なことなのかもしれません。

そんな方のために、わたしの経験が少しでもお役に立てればと思います。

60歳というのは、人生の大きな節目です。

仕事をやめたり、あるいは働き方を変えたり、新しいことを始めたり。

脅すわけではないのですが、自分から積極的に動かないと世間との接点は減っていく一方です。

たとえば税金を多く納めるとか、ボランティアをするとか、喜んでもらえるような行動を心がけることです。

「そういった〝与える側〟にならなければ〝お荷物〟になってしまう」

それくらいの危機感を持っているくらいで、ちょうどよいかもしれません。

少なくとも、周りにも、家族にも、社会にも「何かをしてもらおう」と期待なんてしないことです。


今の自分が、将来の自分を助けてくれます。

将来の自分が、今の自分をねぎらってくれます。

なんでもない道を歩いた時に、どう感じるか

「現役を退いてからも、頑張っていきいきと輝き続ける」

そのような価値観があるようです。

実際、書店さんに行くと、そういった勇ましく前向きな題名の数多くの書籍にお目

にかかることができます。あなたも、そういった気分でおられるかもしれません。

そんなあなたはおそらく、ひとかどの人物でしょう。

何事かを成し遂げ、世間的な評価も獲得し、誇れる立場を得た方なのだと思います。

多くの経験を積んできたし、物質的に豊かだし、資産だってある。

これからの人生で、もうひと花もふた花も咲かせられる……。

そんなプラスの青写真を描いていらっしゃるとお察しします。

「人生100年時代」といいますから、60歳前後でもそれくらいの気概に満ちていて、ちょうどよいのかもしれません。

そんなポジティブな姿勢が、素のあなた自身であるならば。違和感を持たずにおられるなら、まったく差し支えはありません。

でも、もしそうでないのなら。少し立ち止まってみてもよいのではないでしょうか。

より具体的に申し上げましょう。
何かを成功させること。
実績を積み上げること。
世間から高く評価をされること。
身近な人、気になる人に「すごい」と思われること。
有益な学びを得ること。
自分自身を成長させること。

「生きていくとは、このような上昇志向の積み重ねである」
あなたは、そうとらえてはいませんか。

そういった思い込みを手放すと、人生は途端に楽になります。
人の評価を気にしすぎることがなくなるからです。

頑張りすぎたり、無理をしすぎたりすることもなくなります。

それは「人の目を意識するのをやめて、不調法で無遠慮になっていく」という意味ではありません。何歳になっても、社会性は大事ですからね。

そうではなく「過剰な向上心から解放され、手中にすでにあるものの豊かさに気づき、新しい何かを獲得せずとも心を充足させられる」というニュアンスです。

あなたはそれ以上何かを頑張らなくても、すでに幸せで満たされているはずです。

ここで、ぜひ試してほしいことがあります。

どこでもかまいません、晴れた日にひとりで道を歩いていただきたいのです。

その道は、できるだけ「なんでもない道」を選んでください。

「初めて歩く道」ではありません。「両側に好きなお店が立ち並ぶ、好奇心を刺激するような道」でもありません。

特に目新しさがあるわけでもない、通い慣れた道。

そこを歩くことで、充実感に満たされるでしょうか。


わたしは、なんでもない道を歩いていて、充実感に満たされることがよくあります。

それは「わたしの精神状態が、場のにぎわいや新規性などにまったく依存をしていないことの表れだ」と解釈しています。


「なんでもないところで、なんにも起こらなくても、そこにただ在ることで満ち足りている」

もっと言うと「幸せを感じている」。

こんな境地の人間が「幸せ」であることは、おそらく確かでしょう。


「何かがなければ充実してはいない」、そうとらえている人は多いはずです。

でも、何もなくてもいいんです。

率直に申し上げて、わたしはそう大したことをしていません。

そして、大したことのないまま終わっていくという覚悟もしています。ですから、周りに迷惑をかけないのが一番なのです。

このように「自分は大したことがない」という認識から始めると、60代以降もうまくいきます。

「期待をしない」というポジティブな態度

「期待をしない」というのも、「気分が落ちない配慮」の一つです。

周囲にも、社会にも、そして自分自身に対してもです。

「期待して、得られたのは失望だけだった」

そんな事態を避けられます。

こんな態度を「消極的」と受け止める方がいらっしゃるかもしれません。
でも「期待をしない＝ネガティブ」ということはありません。
それどころか、極めて前向きで健全な態度です。

期待をすると、どうしても良いことを想像しがちです。
そして現実に起きたことに対しては「減点式」で受け止めてしまうものです。
つまり、勝手に期待をして、勝手に失望をしているわけです。
すると、どうしても気分は落ちてしまいます。

それよりは、控え目に想像をして「加点式」で受け止めるほうが気分を落とさずにすみます。もっと言えば、期待をまったくしないことで、気分はより楽になり、余裕が生まれます。

また、現実に起こることを楽しみながら経験することができます。

反対に言うと「人から期待されている」とも思っていないので、どんな場面でも緊張もしないし萎縮もしません。

「期待されている」という幻想を捨てるのは難しいことですが、捨てられるようになるとうんと自由になれます。

これほどポジティブな生き方はないでしょう。

たとえばわたしは講演会などでお話をする時、結果については期待をしないようにしています。

「誰もわたしの話なんて大事に聞いていないだろう」

それくらい、「ゼロ」に近い気持ちで臨むのです。

もちろん、下準備などは万全にしていきます。ただ、それに対して過剰に思い入れをしたり、過大評価をしたりすることはありません。

すると、大勢の人の前でお話をする際に、緊張も萎縮もせずにすみます。

そして反応をいただけた時には、純粋に「嬉《うれ》しい」と喜べるわけです。

つまり、期待をしないことの醍醐味《だいごみ》は、現実に起こることが「期待以上」になってくれることなのです。

人の経験は借りない

ご相談やご質問を受けることが、よくあります。

人生相談に乗ることがけっして得意なわけではないのですが、できるだけ有益な答えをお返ししたいと真摯に向き合ってきました。

そんな経験を通じて、確信していることがあります。

それは「悩みは、人それぞれ異なる」という事実です。

もちろん年代によって、だいたいの傾向はあります。

とはいえ、「○歳だからこんなことに困っているでしょう?」と決めつけられるものでもありません。

悩みとは、あくまでその人独自のもの。個別で、固有なものなのです。

そして「○○に悩んでいます」という一つの「悩み」の奥には、その人の膨大な背景が潜んでいます。

その人が今までたどってきた人生、性格、価値観、現在の状況、将来への希望……。

ですから「第三者がそれらの属性も踏まえ、ちょうどいい答えを提示する」というのは、ほぼ不可能ではないかとわたしは思うのです。


もちろん、「似た境遇の人」「似た価値観の人」など、自分と同じ属性の人を探してアドバイスを求めたくなる心理はよくわかります。ただ、自分のピンチを、人の経験を借りて乗り越えるというのは、ちょっともったいないと思うのです。

自分で考え、自分で行動し、立ち直ることに大きな意義がある気がしています。自分の身をもって人生を切り拓《ひら》いたり、歩き続けたりしていくことが「学習する」という意味であるはず。

ネット上に落ちている情報を過信したり、人の話を鵜呑みにして行動したりするのは、人生の舵取《かじと》りを赤の他人に委ねてしまうようなものです。

ですから、悩みがあって、どうしても落ち込んでしまう時は、「とことんまで落ちる道」を選ぶのがいいでしょう。意識的に悩むのです。するとそれは「悩みを突き詰める」というかけがえのない経験へと転化します。

やがて自分なりの〝癒し方〟が見つかるでしょうし、進むべき方向も見えてくるはずです。人に答えを求めない。そんな生き方をおすすめします。

また、このような本を書きながら矛盾しているようですが……。

人は本を読めば読むほど賢くなれるようには、できていません。

ここでいう「賢い」とは「自分の悩みを解決できること」を指します。

つまり、逆説的に聞こえるでしょうが、人が書いた本をいくら読んでも、自分の悩みを解決できるとは限りません。皮肉な話ですが、むしろ「自分の知恵は衰えていく」というくらいにとらえておくのがおすすめです。

「自分は、こういう時には、こうした」という経験を重ねていくことこそ、貴重です。

整理整頓からすべてが生まれる

話すこと、書くこと、デザインすること、その他あらゆるアウトプットの営みには「下準備としての整理」が土台として必須だと感じます。

デザインに置き換えて言うと、「整理」は「創造」に優先されるほど大事です。

頭を使う作業にとりかかる前に、自分の身の回りが乱雑であれば、わだかまりが拭えずスッキリとしません。結果、肝心の作業に没頭しにくくなってしまうのです。作業前に身の回りを物理的にスッキリさせておくことは非常に大事です。

つまり脳内や心の整理整頓の具合と、現実での整理整頓の具合は、かなりの程度までリンクしている。そう思えてならないのです。

ですから、わたしは片付けや不用品の処分といった整理整頓が大好きです。頭の中や心といった見えない部分まで、整います。

物理的な整理整頓から得られる副次的な効果の大きさは、はかりしれません。実際、アイディアがほしい時は部屋の片付けから始めることもあるほど。

整理整頓が持つ力は偉大です。

とはいえ「整理整頓」といっても、大規模に根本的に取り組むことはありません。力みすぎると、途中で嫌になってしまいます。「模様替え」ではなくマイナーチェンジでいいんです。

わたしが好きなのは、常に内側から新しくすること。たとえばダイソーやＩＫＥＡなどで収納整理用品を入手し、手持ちの事務用品を整えていきます。一見すると「従来と同じような感じ」。ですが中が整うと、嬉しくなります。

書類などの紙類の整理も、大きな爽快感を与えてくれます。紙はなかなか場所を取りますし、湿気も吸う。だから、書類が減ると部屋の空気まで軽くなる気がするんです。紙なんて、たいていは引き出しの中にあるのに、不思議ですよね。これこそ「心のデザイン」「気分のデザイン」です。

「そうはいっても、忙しくて整理整頓にとりかかれない」

「簡単な整理整頓すら、やる気が起きない」

そんな人におすすめしたいのが「未処理のものはまとめて隠す」という原則です。

未処理のものや雑多なものに対しては、一つ一つ判断を下していかねばなりません。たとえば「早急に処理する」「期限までに処理する」「とにかく保持しておく」「定位置に戻す」「誰かに渡す」ｅｔｃ……。

その判断に脳のエネルギーを使うため、疲れてしまうのです。

ですから、それらは「未処理のもの」としてひとまとめにして、「蓋つきの〝入れ物〟に暫定的に収納する」のがおすすめです。

これは、完璧に「片付けた状態」ではありません。でも蓋をして一旦視界から消すことで「片付いた」と感じることができます。それで十分です。

今後、気力があるタイミングで、整理整頓にとりかかればよいのです。

わたしの場合、チャンピオン社の蓋つきの箱を「未処理のものボックス」として活用しています。あとから忘れないよう、わかりやすい入れ物や、お気に入りの入れ物を選ぶことがポイントかもしれません。

この「視界から消す」という方法は、完璧な片付けではないものの、「やる気が訪れる瞬間」までのつなぎとして非常に有効です。脳が「片付いた」と錯覚して快に感じ、本当にやりたいことに集中させてくれますから。

このように脳を騙せば、気分をうまくデザインすることができます。

要は「傍目《はため》に見てきれい」かどうかの問題です。

未処理のものや雑多なものが部屋中に点在していては、周りの人に乱雑な印象を与えます。

何より、貴重な書類やメモ、郵便物などが散逸してしまっては大変でしょう。

だから、一か所にまとめて隠すんです。

わたしが会社員だった時。退勤時はデスクの上のものを引き出しに入れるようにしていました。すると「傍目に見てきれい」になります。

手の内を明かすと、引き出しの中はぐちゃぐちゃでした。でもわたしは「職場なんだから、自分の使い勝手よりも人から見た印象のほうが大事」と思っていたんです。


退勤した人間のデスクに、ほかの人は基本的に触れません。

だから、散らかっていたら迷惑でしょう。職場の景色を汚すことになりますから。

そんな気持ちで今までやってきました。

時事的なニュースよりも、道端に咲く花の名前

前に「人は本を読めば読むほど賢くなれるようには、できていません」とお伝えしました。それと似たことがあります。

時事的なニュースに非常に詳しい人に、時々お目にかかります。

「あんな事件があった」、「こんなことが始まっている」、「誰が何をした」。

まるで新聞を隅から隅まで読んでいるのではないかと驚嘆するほどの、事情通なの

です。世事に疎いわたしとしては感心する反面、虚《むな》しさも覚えてしまうというのが正直なところです。

「世間のことにアンテナを張り続け、情報を追っているのは偉いことでしょう？」

そんな声も聞こえてきそうです。

もちろん、好奇心を保ち続けているのはすばらしいことです。

でも世の中をにぎわす出来事は、いつかすべて古びていきます。

大勢の人たちに一時期騒がれたとしても、忘れ去られていくのが常です。

「どうせ人々の記憶から消えていくような事柄を追いかけるなら、最初から追いかけなくてもいいのではないか」

へそ曲がりかもしれませんが、わたしにはそう思えてなりません。

たとえば、わたしは文章を書く時に「ロングライフ」にするために、それがいつ書かれた文章かわからないようにすることを意識しています。だから、時代や季節がわからないよう、ニュースには触れないし、流行についても触れない。つまり、政治、経済、景気、スポーツなどタイムリーな話題は避けています。それはタイムレスな文章にしたいがゆえです。

ここで一つご紹介したいエピソードがあります。

「ショートショートの神様」と称される、SF作家の星新一さんは「時事風俗は扱わない」という制約を自らに課していたそうです。

だからこそ、現代にも通じる作品や、未来を予見するかのような普遍的な作品を生み出すことができたのでしょう。

最先端のことを追い続けることは、古びることを追い続けることと同義です。

それはある意味〝無駄な努力〟といえないでしょうか。

時の流れとは無関係なところで、変わらないことを見つめ続けるほうが、幸せである気がするのです。

これは比喩になりますが……。

「時事的なことに詳しいより、道端に咲く花の名前に詳しいほうがかっこいいのに」

そんな気がしませんか。

「ふつう」ってなんでしょう

大量に使われるものは「研ぎ澄まされたふつう」でなければなりません。

わたしが重視している「ふつう」というのは、定番として残るものとしての飽きのこない「ふつう」です。

デザイナーは「ふつうじゃない」というのが売りの時代もありました。その時は「デザイナーには自由な発想が大事だから日常は大目に見てやろう」という時代の空気だったと思います。

しかし「ふつう」を端折《はしょ》ってはクリエーティブに「たどりつかない」というのがわ

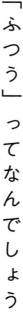

たしの実感です。

またデザイナーが増えるにつれ「デザイナーという職にあっても一般常識を備えた人が優秀だ」という事実が露呈したように感じています。

わたしは「自由さの中でふつうを生み出し、そのふつうさのままとどまること」が、ベテランデザイナーの仕事だと思っています。デザイナーにとっても大切なのは「一般常識」であって「デザイナーの常識」ではありません。

このようにデザインの仕事においてわたしは「ふつう」を追求してきました。とはいえ恥ずかしながら、わたし本人は「ふつう」じゃないです。それはいろんな部分が「ふつう」に達していない、という意味です。

たとえば「ふつうよりも、なんだか忘れものをしやすい」などの癖があります。これは若い時から変わりません。

わたしは今も記憶力が悪くなっていると感じていません。理由ははなから覚える気持ちが無いからです。覚えなければ忘れもしない。

でも「ふつうに満たないこと」に目を向けてばかりいるとしんどくなってしまいます。ですから自分を責めすぎないようにしてきました。

人生を重ねていくにつれ、「ふつうに満たないこと」は、今後もおそらく増えていく気がします。体力も気力も落ちていくわけですから、それは当然の理でしょう。

「ふつうに目が見える」
「ふつうに耳が聞こえる」
「ふつうに歩ける」
「ふつうに食べられる」
「ふつうに話せる」

これらが「ふつう」でなくなっていく可能性はゼロではないわけです。その兆候に気づいた時、自分が生きやすい方向に舵を切っていく態度はとても大事でしょう。

無理に「ふつう」への回復を目指す必要はありません。「ふつう」というのは、さまざまな普通ではないものをミックスした結果の「色」にすぎないのですから。

情報は、集めすぎると自分がなくなる

かつて洋服のショップを経営していた人がこんなことを言っていました。
「数年前の話ですが、自分で洋服を選べない人がすごく多いと驚いたことがあります。こんなに情報が多い時代なのに勉強をしていない気がしました。情報がない時代のほうが『知りたい』という気持ちが強くなって、少ない情報でイメージできたからなんでしょうか」

情報が多いと勉強をしないのは、確かに「定理」とも言えそうです。だってそうでしょう。

カラオケがこれだけ発達して普及しても、歌手の数が増えるわけではない。デジカメだってスマホだってそうです。「カメラマンが増えた」なんて聞いたことがありません（むしろ減っているでしょう）。

一流になる人は、世の中に出回っている情報量とは関係なく、自分の技や力量を磨いていくものだと思います。「情報を多く吸収できる環境」にあるからといって、それを活かせるとは限らないのです。この定理は、とても示唆《しさ》的です。

逆に言うと、過剰な情報は不要です。むしろ害悪になりかねません。

なぜなら情報を集めすぎると「自分」がなくなり、アウトプットへの欲も失せる。

わたし自身はそうとらえています。

たとえば何かを作る時。そのアイディアを求めて情報を集めるのは、あまりおすすめしません。まず自分でどこまで考えられるかを試してみて、そこではじめて情報を見ると染み込みます。

過剰な情報は感覚を鈍らせます。何事によらず「飽和」は、感覚を鈍らせます。オリジナリティはさまざまな情報を得てその上でそれらを捨て去り、自身を掘り下げる行為によって生まれるものだと思います。

『思考の整理学』などで知られる英文学者、外山滋比古《とやましげひこ》さんも、こう述べています。

――むやみと情報、知識を集めて喜ぶのは幼稚である。どんな小さなことでもいい。自分の生活の中にひそんでいる未知のものを見つけ出して、それをもとに自分の〝知見〟を創出する――これが、〝知的〟である。

（出典『こうやって、考える。』外山滋比古著／PHP研究所）

実際、わたしはX（旧Twitter）はじめいくつかのSNSで発信をしていますが、「情報を入れないこと」によってよいアウトプットができている気がしてなりません。

これは逆説的でちょっとわかりにくい話なので、詳しくご説明しますね。

わたしは、SNSを「発信の場」としてとらえています。情報収集のためではありません。自分の思ったことや感じたことを発信し、そこから得られた反応で学びを得て、自分を高めていこうと思っています。

誰もフォローをしていないわたしが「学びを得ている」と言うと不思議に思われるかもしれません。

ですが「アウトプットによって得られる情報」というのは、あらかじめ「精査のフィルター」がかかっていて貴重なことが多いのです。

そもそも、わたしは普段からできるだけ情報を入れないようにしています。「自分のアウトプットした時に入れ替わりに入ってくる情報（インプット）」だけでも結構な量になるからです。

その状態を、わたしは「情報のゴアテックス®化」と呼んでいます。ゴアテックスとは、アメリカで生まれた防水耐久性・透湿性・防風性を兼ね備えた素材のこと。つまり情報の雨を撥水《はっすい》しながら、自分から発する水分は外に出しているのです。

要は、取り入れる情報は慎重に精査したいということです。

あくまでもわたしの場合ですが、情報に敏感だった時代は「誰がデザインしてもよいような形」に仕上がり話題にもなりませんでした。

一方、情報から距離を置いてからは、シンプルな形になって、そのシンプルさ故に人に知られるようになったのです。

自身が真摯に考えて出した答えには、やはり説得力があるのでしょう。

では、どんな情報から距離を置くべきか。

各々違うとは思いますが、「羨ましい話」は遠ざけてよい情報の筆頭に挙げられます。「成功している人の話」が重宝されるのは世の常。これからもそれは変わらないはず。高度に情報化された社会の中で、自分を見失わず、地に足をつけて生きるには、そんな「羨ましい話」をほどほどに受け流すこと。そして、アウトプットに重きを置くことです。

作られた言葉に惑わされない

商業的な狙いで作られた言葉（フレーズ）を、鵜呑みにする必要はありません。

かといってそういった言葉や、経済活動そのものを否定したいわけではありません。

だってわたしも、その枠組みの中で生きていますから。

とはいえ、そのような言葉は世の中の人の「最大公約数」のところをターゲットに作り出されたものです。

ですから「自分がたまたまその層の中に入っていない」とか「自分がその層からなんだか外れている」と感じることがあってもおかしくないでしょう。

また人生経験を重ねるにつれ「最大公約数」的なところに疑問が生じがちになるのは、けっして珍しくないはずです。

そんな時は、違和感を大事にして、距離を置いてもよいのではないでしょうか。

直観的な違和感は大事にしてください。


たとえば「昭和の人間はアルコールと腐れ縁を切れない」という記事を見たことがあります。

わたしはもちろん昭和生まれです。でも、そこまでお酒が好きではありませんし、依存したこともありません。これからもきっと依存しないでしょう。酒の勢いを借りないといけないほど日々「ひりひり」したことをしているわけではないですし、何より息長く仕事をしたいからです。

だから「昭和の人間」という世代でくくられても、違和感しかないのです。


世の中で言われている言葉を、そのまま信じる必要はありません。

世の中で言われている言葉を、そのまま取り入れる必要はありません。

もういい歳になったのですから、自分の感じ方をそのまま受け止めてもよいはずです。

あれは「わたし個人ではなくマス（世の中の最大公約数的な層）に向けた言葉」と、割り切ってもよいのです。

あなたは、あなたの感性をもっと大事にすべきです。

世の中で言われている言葉から「大切なこと」を探そうとしても、仕方がありません。自分が感じることを大切にするしかありません。

若さを羨まない

そりゃあ誰でも、若いほうがいいに決まっています。負け惜しみは言いません。

でも、今の1日は、時に「若い頃」の半年分ほどの密度があったりすることも多いので、捨てがたいというのが本音です。

わたしは若い頃、若さや体力で仕事をしてはいませんでした。

ささやかな自慢は、若さに頼ったり、若さを振り回したりはしなかったことです。

また仕事を「体力勝負」と思った記憶もありません。

ゆえに今も「ふつう」に仕事を続けられています。


もっとも、周りの空気はそうではありませんでした。

当時「デザイナーは体力勝負」などとよく言われていたものです。

もしかすると、今もそうかもしれません。でもそんな風に「若さ」で勝負をしていたら年々つらくなるばかりでしょう。


当時から体力に自信があるほうではなく、睡眠不足になるのも苦手だったわたしは困りました。そこで「知識量（知恵）と工夫と集中力（省エネ）」を大事にして、それを磨くように尽力しました。

体力ではなく工夫で勝負した結果、今でもやれているのでしょう。感性が古びたわけではないですし、アイディアも変わらず出てきてくれます。

また「あの時はできなかったけれども、今ならできる」と感じる瞬間もよく訪れます。たとえば若い頃に「知識」として知っていたことを、今になって肌身で実感できたりするのです。

要は「知ること」と「わかること」は異なるのです。

ですから、若い人に嫉妬をするような気持ちはありませんし、若さへの憧憬もありません。それは、自分自身が若い頃に「パッとしていた」という思い出がないのも大きいでしょう。

周りの若い世代を見ても「パッとしていた」という記憶は出てきません。

もし神様に「あなたを20代に戻してあげる」と言われても、わたしは断るでしょう。そして「20代ではなく、50代をあと30回経験させてください」とお願いします。

それぐらい若い頃は自信もないし「何もない」状態でした。

大学に入れたのも、就職も、恋愛も幸運に恵まれただけ。

こんなラッキーをもう一度手に入れるのは不可能だろうと思っています。

それぐらい、パッとしていた記憶がないんです。


今の若い人たちも、内心「パッとしていないなぁ」と悩んでいるかもしれません。

若さを妬んだり羨んだりする前に「そんなもんだよねぇ」と同感してあげることが善ではないでしょうか。


さらに言うと、あなたがもし引退前なら。今から身近な若い人に敬意を持って接して「頭を下げ慣れておく」というのは有効な手段でしょう。

具体的に言うと、「さん」付けをして、挨拶の際などに頭を自然に下げるのです。

「頭を下げたくない」などと意固地になる前に、ぜひ一度お試しください。

相手についても、自分についても、年齢なんてただの記号にすぎません。

「いつも〝今〟が面白い」と感じていきませんか。


わたしは自分で自分を「ズルいやつだなあ」と思います。

何がズルいかというと「今」という時代と常に仲良しであることです。

過ぎ去った特定の時代を「あの頃は良かった」とは一切言いません。

正直なところ、過去のどの時代とも「仲は悪くなかった」けれど「殊更仲良しでもなかった」気がします。だから過去への執着も、若さへの羨望もないのでしょう。

「今、ここにいる自分」がすべてです。


そう思わないと、次の世代に申し訳が立ちません。

「あんな大人になりたい」という姿を体現するのが、わたしたちの努めでしょう。

ここで言う「大人」とは、次の世代を育てる意識がある人に許される〝賛辞〟としての言葉であり、どこまでいっても「本人」が使う言葉ではありません。

人は「年寄り」にはなれても、「大人」には簡単になれないのです。

第2章

人間関係のデザイン

定年後も人生は続く

2章の最初に、ちょっとショッキングな話をさせてください。

わたしが中学生の頃、自宅近所のゲートボール場で見た光景についてです。

新しくできたそのゲートボール場では、年配の人たちが定期的に集まり、プレーに興じていました。

みなで地面を平らにしてから、順番にスティックでボールを打つのです。それはにぎやかなもので、そばの道を通りかかるだけで会話がよく聞こえてきたものです。

ここまでの描写だと、「微笑《ほほえ》ましい光景」に映るでしょう。

しかし残念ながらそうではなかったのです。

実は「おじいちゃんたち」が「おばあちゃんたち」に、かなり「ボロクソ」な物言いをされていたのです。

基本的に「夫婦単位」で参加されている人が多かったでしょうから、その力関係は「家庭内での力関係」と相似形だったと察します。

その時、中学生だったわたしは思いました。

ここでボロクソに言われないためには「ゲートボールがうまくなる」かあらかじめ「人間関係を滑らかにしておく」か。道は2つしかないのだと。

もっともわたしは第三者ですから、内情は知る由もありません。しかし、この気づきはその後のわたしに大きな影響を与えてくれました。

「定年後」も人生は続きます。

（この「定年後」という言葉は「退職後」「引退後」など、あなたの境遇に置き換えて読んでください）

定年後の「生活」を考えている人は多いものです。しかし、そこに人間関係のデザインまで含めている人は意外と少ないようにお見受けします。

配偶者（家族）がいる場合、接触時間はおのずと長くなります。油断をすると「役に立たない人」と見られる可能性はゼロではありません。オブラートに包まず言うと「役に立たないおじいちゃん（おばあちゃん）」と、外でも扱われるリスクが潜んでいるのです。

もしあなたが、まだ「定年前」なら。この章を読んでいただき、職場以外の人間関係を整えたり、広げたり、深めたりされるよう、おすすめしたいと思います。

もしあなたがすでに「定年後」でも。安心してください。今からできることをしていきましょう。人間関係においては（よほどの場合をのぞいて）、何歳からでもリカバリーがききます。

「人見知りだから」「口下手だから」「面倒くさいから」「友人なんていないから」

そんな方でも、大丈夫。新たな一歩を踏み出したくなる話を、沢山させていただきます。ヒントにしていただければ嬉しいです。

〝仕事からの卒業〟はあっても〝人間関係からの卒業〟は生きている限りありません。何歳になっても「人との絆《きずな》を紡いでいく」という意識は大事です。

「定年」にまつわる外山滋比古さんの言葉をご紹介しておきますね。読み手にとって、多義的な受け取り方や解釈ができる、重層的なフレーズだと思います。


――知識が思考の邪魔をする。これはやはり真実である。

定年後の人生を面白くするためにも、知識に縛られない思考が大切になるのだと思う。


（出典『お金の整理学』外山滋比古著／小学館新書）

自分という一番親しい友達

人の悩みの過半数は「人間関係にまつわる悩み」だとよくいわれます。

確かにそうだと思います。職場での世渡り、親戚やご近所との付き合いなど、人が関わらない場所はありません。

また気遣いの度合いが減るとはいえ、家庭内にも人間関係は存在します。

そして年齢を経るにつれ、その悩みは変化していくことが多い気がします。


現役時代の人間関係は、どちらかというと過剰ぎみです。

「あの人ともこの人とも、うまくやらねばならない」というような交通整理も時に必要だったりします。でも引退をしたり、活動をやめたり、ライフステージが変わった途端、人と接触する機会が激減することも起こります。

そんな時にも気分を落とさずにいられるかどうかが、大きな問題です。

もちろん、この問題には個人差が大きくあります。

「わたしはお友達が多くて、毎日楽しい」という方はそれでよいのです。

問題はそうではない場合です。

特に「退職をして毎日行く場所がなくなった」「子供が独立して家を出た」「大切な人を失った」などの理由で孤独を感じられている方の場合。寂しさを苦痛に感じないための発想の転換が必要かもしれません。

そこでご提案したいのは、次のような考え方です。

「寂しくなった」というのは、「今までとても楽しかった」という事実の裏返しでもあります。ですから徹底的に「寂しさ」を味わうのもよいのではないでしょうか。

また、周囲への期待を手放すことも大切です。

社会にも、周りにも、家族にも、そして自分自身にも期待するのをやめることです。

ただ自分を好きでいることは、やめないことです。

「誰かに自分を楽しくしてもらったり、満たしてもらったりする」のではなく、自分の内部にいる自分という一番親しい友達を大事にすることです。

そして「自分は誰かと話したいのだな」と気づいたら。

そこから新たな気持ちで行動を始めればよいのです。

尊敬し合い、心を許せる友達が多いに越したことはありません。

でも、そんな人はごく稀《まれ》です。ですから、そこに劣等感や罪悪感を持つ必要なんてないでしょう。

「職場以外で人間関係を築いてこなかった」

「積極的に友人付き合いをしてこなかった」

そんな過去の自分に気づいたら、しめたもの。そこから行動をすればいいだけです。

ポイントは、相手を求めすぎないことです。

新しい出会いの数だけ、失望があるというのも事実です。

繰り返しますが、一番大事にすべきは「自分」という友達です。

微笑みは無音のプレゼント

わたしの目標は、ご近所の人気者になることです。ですからコンビニや飲食店、洋服屋の店員さんらなどと会話をする瞬間を、いつも心待ちにしています。

おしゃべりは楽しいもの。それに仲良くなると、いろんな情報を教えてもらえるでしょう。だからやめられないのです。

もちろん「親しき仲にも礼儀あり」。

レジに列ができている時や、忙しそうな時に話し込むことはありませんよ。

わたしが大事にしている原則は、4つあります。


1つめの原則は「いつも笑顔で、静かにニコニコしていること」。

けっして大声では笑わないことです。

実は笑い声って、周りの人を不快にさせることがあるんです。

だから静かに、口角を上げて微笑むのが一番いい。音はまったく出ませんからね。


2つめの原則は「お金を普段から使うこと」。

シビアに聞こえるかもしれませんが、年齢を重ねると、構ってもらったり大切に扱ってもらったりすることからどんどん遠ざかります。

そのままでいると、相手にされなくなるわけです。だから、自分から先に積極的に与える姿勢が大事。

寂しい話ですが、世の中そんなものです。

そもそもビジネスの現場だって、そうだったでしょう。先に与えた側が、ことが有利に運んでいくもの。「老い」がハンデだというわけではありません。


3つめの原則は「印象的な第一声」をかけること。

たとえば店員さんって、しばらく会わないこともあるでしょう。

ブランクが空いたら「お久しぶりです」。

馴染《なじ》みの洋服屋の店長など、より仲のいい相手なら「会いたかった！」。

こんな言葉を、花一輪添えるつもりで先に贈ることです。


4つめの原則は、どんな相手に対しても「下から」声をかけること。

「さん」付け、敬語、丁寧語が基本です。

「相手が子供のような年代だから」といって横柄に上から声をかけるのは、もってのほか。あっという間に煙たがられてしまいます。

右の４つの原則に共通するのは「相手を気持ちよくさせること」です。

これらを日々実践しているおかげで、わたしは多くのハッピーをもらってきました。

「今月中に手続きをしないと、ポイントカードが失効しますよ」と声をかけてもらったり。

わたしの本を買ってくれたお店の大将にサインをさせてもらったら、お返しに三笠《みかさ》焼《やき》をいただいたり。

狭い生活圏ではありますが、心豊かに暮らしています。

「そんな交流、わたしには難しい」という方は、４つの原則を見直してみてください。

相手とうまくいかない時は、自分に非があることも多いものですから。

プライドを守るより、礼儀を尽くす

「自分は大したことがない」

そんなとらえ方をしたことがない方も、いらっしゃるかもしれません。

特に組織で長らく勤めてきた方の場合は、無理もありません。

組織で働いている場合、「わたしは大したことがありません」というマインドセットでは、うまく回らないこともあるでしょうから。

ただ、そこから離れたあとは、意識を変える必要も出てくるはずです。

60代以降も、なんらかの形で働き続ける場合。あるいは、なんらかの活動を続ける場合。温かなつながりを保ち続けるには「自分は大したことがない」という意識は、かなりプラスに働いてくれます。

「大したことがない」という諦念のようなものがあるからこそ、自分以外の誰かと競ったり、争ったりはしなくなります。

「周りを出し抜いて優位に立とう」ともしなくなります。

かわりに、穏やかさや優しさで周囲を満たすことができます。

また、純粋に利他的な積極性も生まれます。

「自分は大したことがない、だからこそ少しでもできることで貢献したい」

こう思えるでしょう。

たとえば、どこかを訪れる際には気の利いた手土産を持参する。

人と話す際には〝言葉の花束〟を忘れない。

自分の知見や持っている情報は、惜しみなく提供する。

そんな利他的な行動が、スマートにできるようになるはずです。


「自分はひとかどの人物である」

そんな思いを突然手放すなんて、もちろん難しいことです。

でも、あなたならきっと大丈夫。


60代から重んじるべきは、プライドよりも礼儀です。

自分を大切にすることと、自分のプライドを大切にすることは違いますから。

損得勘定は手放す

気前よく、先に与える。
潔く、自腹を切る。
小さな利にはこだわらない。それどころか損する覚悟もできている。
これが大人の態度です。
大人になるには、大いに損を覚悟して、新しい行動を重ねることです。

わかりやすい例が「手土産を持参する」という行動でしょう。
「先に相手に利を与えること」は、裏を返すと「わたしは損する覚悟があります」という決意表明になります。

いったいなぜ「手土産を渡す」という〝行動〟が必要なのでしょうか。

それは、心の中で、いろいろよいことを思っていても、すべてが伝わるわけではないからです。初対面や付き合いの浅い相手なら、なおさらのこと。だから気持ちを伝えるための行動は必須なのです。

アメリカのベストセラー作家、ラミット・セティも『トゥー・ビー・リッチ』(ラミット・セティ著、岩本正明訳/ダイヤモンド社)の中で「些末《さまつ》な議論ばかりして行動できない人になってはいけない」と説いています。わたし自身、「これはやったほうがいいと感じた時に行動に移す速さ」には自信があります。

「たとえ自分への利がなくてもみなさんの輪に入れていただくだけで嬉しい」

「声をかけてもらっただけで充足しています」

そんな気持ちで手土産を渡せば、ご縁はおのずとつながり、深まっていきます。

もちろんこの「手土産を渡す」というのは、比喩的な表現です。

さまざまな言葉に置き換えて、応用してみてください。

もし失敗してもいいじゃないですか。自分ひとりが損すればすむことですから。「得をしようと思ってした失敗」は悔いが残ります。でも「損を覚悟で試した失敗」には学びが残ります。

だから「損しても構わない」という覚悟が大事なんです。

何より大事なのは、自分の気持ちを損しないこと。

「損をした」と悔やんだり嘆いたりすることが、一番の損です。

自分が損をしても得をしても、誰にも影響はありません。

周りは案外、そのことに気がつかないもの。だから「損」でも「得」でも、その状況を楽しめばいい気がします。長期的に見れば「損」も「得」もありませんよ。

もし恥をかいてもいいじゃないですか。相手への礼儀は、きちんと尽くしているわけですから。

わたしの行動規範は「うまくいかなくても、自分が得心できるかどうか」です。

傷跡のない人って、いるんでしょうか

人気者になるコツは、微笑んでいることと前にお伝えしました。

とはいえ、わたしは神様ではありません。

どんな状況でも笑顔でいられるかというと、そうではないかもしれません。

感じが悪い人に対しては、わたしもおのずとそうなっている気がします。

機嫌が悪い人に対しては、わたしもなんとなく、そうなっている気がします。

そういう人との関係を、尊敬し合える温かな関係にまでもっていくのは、なかなかの大仕事です。

向こうが、わたしに対する先入観のようなものをすでに抱えている場合もあります。ですから「わたしにも悪いところがあるのだろう」と前向きに反省し、「60点でよい」と諦め、ほかのことを頑張ります。

相手に「変わってほしい」と思っても土台無理なことですから。

もっとも、そこでどのように行動するかはその人自身によります。

たとえば「なぜ、わたしはあの人とうまくいかないのか」と、とことん悩んで答えを探す。あるいは何日か誰とも会わずに自分と向き合い人生を見つめ直す、などです。

わたしの場合、内部に「自分」という一番親しい友達がいますから、「彼」と話して決めるようにしています。

若い時からそうですが、バサッと斬られた直後は応《こた》えます。

わたしも「彼」も応えます。ただ「全体的には好かれている」という思い込みがあるので、治りは早い気がします。

わたしだって、けっして無傷でこられたわけではありません。あちらこちらに擦り傷や切り傷の跡は残っているんですよ。

天才と比べて潔く諦める

日々機嫌よく過ごすために。「なぜ〇〇ができないのか」という〝劣等感〟や〝自責思考〟を手放しておくのがおすすめです。

たとえば年齢を重ねると、今まで行っていた仕事や習慣を続けにくくなることはよくあります。

そこで「自分も体力が落ちたものだ」と落ち込んだり、「怠けては駄目だ」と頑張り続けたりする必要なんて、本当はあまりないと思うのです。

潔く〝卒業〟する。潔く、手放す。

要は「前向きに諦めること」も、知恵のうちではないでしょうか。

その例として「年賀状を書くのがしんどい」という、よくあるお悩みを挙げておきましょう。

年賀状をどうしても出したいという場合。まずは、数を絞ればよいのです。

社交辞令ではなく「言いたいお礼」や「具体的な報告」がある人にのみ、直筆のメッセージを添えて出す。そのような線引きをすれば、枚数はぐっと減るはずです。

また、少し荒療治になりますが「その界隈《かいわい》の天才」と自分を比べることも有益です。「自分はその器ではないから」と、きれいに諦めやすくなります。

実際、わたしは若い頃にこの方法で「年賀状を多く出すこと」を諦めることができました。

30代のわたしが、お正月に友人の自宅を訪ねた時の話です。その友人あての年賀状が、まるで山のように積まれているのを見たことがあります。彼は「人付き合いの天才」だったのです。

「自分は、とてもかなわないな」

そう思うと「年賀状とは多く書くもの」というプレッシャーから解放され、自分が出す年賀状の枚数を減らすことができました。当然、もらう枚数も減りました。

とはいえ、それが理由で友人が離れていったことも、付き合いが少なくなったわけでもありません。

わたし自身の幸福度も落ちていません。充実感も充足感も、むしろ増しています。

師走のただでさえ気忙《きぜわ》しい時期に「やらなければ」という焦燥に駆られることもないですし、時間や手間など自分の貴重な資源を使わずにすむ。いわば余裕が生まれたわけで、これほどありがたいことはありません。

そんな経験があったものですから、60代で引っ越しをした後も、新居の住所を伝える挨拶状は出していません。いたって身軽です。

このように年賀状のやりとりを頑張りすぎないことは、わたしにとって吉と出たわけです。

自分に鞭打《むちう》って、何かを頑張り「やりきった」という達成感を得ることは気持ちがよいことです。ただ、人生を重ねるとそれが難しくなることも出てきます。

そんな時は、意識的に手放してよいのです。

もちろん最初は少し残念に感じることがあるかもしれません。

でもそれと引き換えに、必ず余裕が生まれます。

「日々、変わらずに淡々と暮らせてありがたい」

そんな風にしみじみとかみしめる余裕を選びたい。わたしはそう思います。

心の余裕は、諦めからです。

謙虚と謙遜

人間関係を難しく感じることがあるかもしれません。

そんな時は「フラット」という言葉を思い浮かべてみてください。

驕《おご》らない。傲慢にならない。

とはいえ過剰に卑下したり、へりくだったりもしない。

つまり「失礼のない範囲でフラットに接する」というのが理想でしょう。


わたし自身、会社に勤めている時は、水平な目線を保って「会社」という社会の中で立つよう心がけていました。

それは「周りが優れているのに決まっている」と最初から認識していたからです。

周囲が優秀であるゆえ、優越感を持たずにすみました。

「自分はたかが知れているのだ」と自分に過度な期待もしないから、劣等感も湧いてこない。ですからフラットさを保てていたのです。

とはいえ「フラットになんてなれない」と感じる方もいらっしゃるかもしれません。そのような場合、傲慢になっていたり、驕っていたり、自分を過信している可能性が高いです。あるいは反対に、卑屈になっていたり、卑下をしがちだったりするのではないでしょうか。

どちらのケースについても、わたしなりの処方箋を書いておきましょう。

傲慢になっていたり、驕っていたり、自分を過信している場合

「謙虚」という言葉を思い出してみてください。

デジタル大辞泉によると、「謙虚」とは、控え目で、つつましいこと。へりくだって、すなおに相手の意見などを受け入れること。また、そのさまを指します。

調子が良い時ほど、謙虚にいきましょう。できる人ほど謙虚で優しいもの。「できそうな雰囲気」なんておくびにも出しませんから。

話し方についても、わたしは圧倒的に謙虚でなければいけないととらえています。なぜなら、失敗の予感が常につきまとうからです。

尊大に振る舞っていて、もし失敗をしてしまったら、恥ずかしいでしょう。ですから、痛手を少しでも抑えられるよう、普段から謙虚に振る舞っておくのです。

卑屈になっていたり、卑下をしがちだったりしている場合

もしかしてあなたは、「謙遜」ばかりしていませんか。

デジタル大辞泉によると、「謙遜」とは、へりくだること。控え目な態度をとること。また、そのさまを指します。

つまり、「謙遜」は前に述べた「謙虚」とは一線を画します。

「謙虚」と「謙遜」は似て非なる言葉です。

「謙虚」という言葉には「自分の気持ちに背いて（自分の気持ちを隠して）」というニュアンスがありません。自分の良い点もそうでない点も、素直に認めて相手に伝えようとする姿勢を指します。

たとえば「わたしには良いところがあるんですよ」と伝えても、謙虚さは損なわれないわけです。


一方、「謙遜」とは、自分の気持ちに背いてでも（自分の気持ちを隠してでも）、相手にへりくだろうとする態度をいいます。

わたしは、この「自分の気持ちに背いてでも」という要素を、危惧しています。

控え目で慎ましく見えるように振る舞っているけれども「処世術として、そうするほうが手っ取り早いから」という計算が働いていたり、何かをがまんしているような気がするからです。

上機嫌で生きていくために。自分の気持ちに背く瞬間は、少ないほうがよいに決まっています。ですから「謙遜」ではなく「謙虚」な姿勢のほうをおすすめします。

謙虚の「虚」は「虚しい」と読みますが、この言葉には、実はさまざまな意味があります。再びデジタル大辞泉で、その定義を調べてみましょう。

「空虚である」「無益である」「かりそめである」。

これらのほかに「己をむなしゅうする」などの形で「我欲・先入観などを捨てる」という意味もあるそうです。

「謙虚」という言葉には、「虚しい態度」つまり「我欲・先入観などを捨てた態度」で自分に真摯に向き合うというニュアンスが含まれているわけです。

自分に「虚しい」ことは、大切です。

自分の気持ちになるべく背かず、自分に対して真摯に生きていきませんか。

自分に対して真摯になるのを臆する人は、他人に対しても真摯になれなくなっていきます。

わたしは〝謙遜〟よりも〝謙虚〟でありたいと思っています。

見栄より誠実

見栄を張ろうとする人は多いものです。

言うことが大げさだったり、願望が大きすぎたり。

そんなに広げなくてもいいんです。

小さいところを丁寧に誠実に対応すれば誰かが見てくれています。

何より、見栄を張ると後が大変ですから。

大事なことは「目の前にいる人」の話に耳を傾け誠実に素直に対応することです。
あるいは、今の段階でできること、なすべきことを誠実に仕上げることです。
それしか「階段」を上る方法はありません。
そして誠実とは自分のためではなく「人のため」を思った時に使える言葉です。

言わない知性

友人（親しい知人、家族）との約束は、仕事の約束より大切です。
逆に言うと「仕事よりも大切に思える友人」と付き合うことです。
（わたしには、ふた回り以上年下の尊敬すべき友人もいます）

たとえ繁忙期でも、突発的に忙しくなった時でも。友人との約束を優先できるよう、
日頃から仕事に励んでおくべきです。

「求められているレベル以上の仕事」を重ねて信頼を高めておき、突然のお誘いにも喜んで応じられるようにしたいものです。

わたしは「友人を大事にしない人」については、少し警戒をしています。たとえば、商談中にかかってきたプライベートの電話に「今、打ち合わせ中だから」と言ってしまう人、いるでしょう。あれは、言い訳でも優しさでもなく、ある種の傲慢さの表れのようにも思えます。

「打ち合わせ中だから」という〝仕事を盾にした言い訳〟をするところに、「自分は活躍をしていて偉いのだ」というマウンティング的なもの、自己顕示欲のようなものを感じてしまうのです。

本当に会話をしにくい状況ならば、着信に気づいても出ないほうがまだマシです。そしてあとから折り返す。そのほうがよほどスマートですし、相手も周りも不快になりません。

そもそも「打ち合わせ」という仕事を盾に言い訳をする人に、いい仕事ができるわけがありません。だって人の気持ちの機微に疎いわけですから……。

「今、打ち合わせ中だから」なんて言い訳は、言葉の無駄です。

「言わない知性」、こんな概念を広めたいですね。あとの137ページもご覧ください。

人生はオリエンテーリング

この本を企画編集してくださっている内田さんにわたしの事務所に打ち合わせに来てもらい、近所の商店街での食事や買い物に付き合っていただいたことが何度かあります。

興味深いのは、内田さんが結構な頻度でわたしの行動に驚かれたことです。

それはどういう「驚き」かといえば、お店の方とのやりとりを通して「ふつうだったらそういう（親切な）対応をしてもらえないだろう」ということが頻繁に起きることへの驚きのようです。

「今の事務所に引っ越してから約1年、しかも親切にしてくれる相手は初対面の方も多い」

そんな理由もあったようです。


しかしわたし本人はその「内田さんの反応」にびっくりしてしまうわけです。

なぜならわたしはまったく「無意識に」そうしているので、それが特別なことだとはぜんぜん思っていないから。普段から、そんな感じなのです。


パリのカフェでも、アムステルダムのビストロでも、自宅近くの豆腐屋さんでも、そこでかわす会話はまったく「同じ」。

一つは、お店の人に「気持ち良く働いてもらいたい」という気持ちがあるから。

もう一つは「人生はオリエンテーリングだ」と思っているからです。

「オリエンテーリング」とは、各所に設置されたチェックポイントをたどりながら走破するというスポーツです。

進むペースや、各チェックポイントを巡るルートは、各人に委ねられています。

1人しか勝てない「宝探し」とは、本質的に異なる気がします。

以前、テレビで「家の随所に隠された『次の場所への指示が書かれた箱』を見つけながら進んで行く」というルールの番組を見たことがあります。

まさしくそんな感じで、自分の将来が「隠れている」と思って日々行動しています。

どういうことかというと、「次の場所についての情報やヒント」をくれるのが、生身の人である気がしているのです。だから、身近な人とも、初対面の人とも、話をするのが楽しくてたまらないんです。

相手のご迷惑でない限り、コミュニケーションを堪能させてもらっています。

大事なのは、心の中で相手を格付けしたり、値踏みしたりしないこと。

「この人と仲良くすればメリットが得られそう」などという打算的な気持ちで動く人もいますが、「神様からのきっかけ」にオフはない、とわたしは思います。だから誰に対しても機嫌よくいるようにしています。電車で隣に座っている人、たまたま相席になった人、すれ違った見知らぬ人。すべての人は、なんらかの〝情報〟を持っているものですから。

吉川英治さんだって「われ以外みなわが師」と言っていますよ。

竈《かまど》に媚《こ》びる

相手によって態度を変えないのが〝大人〟です。

要は油断をしたり、阿《おもね》ったりしてはいけないということです。

出会う人すべて、その「背景」ははかりしれません。ですから肩書きや所属などのラベルで「この人はすごい」「この人は偉くない」などと勝手に決めつけないことです。「地位の高い人」「憧れられる職業に就いている人」などより、人がやりたがらない仕事をしている人の中に、本当にすごい人がいたりしますから。

そんな思いもあり、わたしは昔から誰に対しても「さん」付けで呼んできました。序列の上下、組織の内外、そんな区別は一切なく、みな等しく「さん」付けです。そして「書き言葉」で、敬語（丁寧語）で話します。「みんな、自分より目上の人」と思って話すと、間違いがありません。相手によって態度も言葉遣いも変えないわけですから、ある意味、楽でしょう。身内と話す時も、店員さんと話す時も、駅員さんにものを尋ねる時も、タクシーの運転手さんにも、すべて敬語です。

敬語とは、完全武装できる鎧《よろい》のようなもの。最強のコミュニケーションツールです。

いや礼節です。

〝鎧〟さえ身につければ「敬っている気持ち」を表せるから、揉《も》めることは基本的にありません。

それに、敬語で包めば自分の要望だって伝えやすくなります。スマートに切り出せるし、交渉の時も優位に立ちやすいんです。

反対に乱暴な言葉を使うだけで、自分の格も品位も一気に落ちてしまいます。ですから、そんな人を見るたびに「わざわざそこで失点しなくてよいのに」と残念な気持ちになるんです。


もちろん「言葉で優位に立とう」とする人が多いのは承知しています。

「自分と相手、どっちが上か」。心の中で瞬時に〝格付け〟をして、言葉遣いを変える。そして、優位なポジションを見せつけようとしたり、少しでも序列を上げようとしたりするのです。

でも世の中は、自分の意が届かない人によって「一方的に評価されてしまうこと」

がほとんど。ですから心の中での格付けなんて、無駄なんです。

たとえば、レジの周りでよく耳に飛び込んでくる「ありがとう」というお礼の言葉。実はわたし、あの「ありがとう」がちょっと苦手です。なぜなら「ございます」が省略されている「ありがとう」は、据わりが悪い気がするから。

「ありがとうございます」ではなく「ありがとう」と簡略形ですませることで、「自分が年配だから」「客だから」と暗にマウントを取っている気がするからです。

考えすぎかもしれませんが、せっかくの「ありがとう」という謝意を、相手に雑にぶつけているように思えてなりません。

「ありがとう」ではなくて、「ございます」が重要なんです。

こんなこと、国語の授業では習わないでしょうが、そこに日本語の機微があるように思います。

忘れられない思い出を一つ。大学卒業後、会社に入って半年経った頃の話です。

社内の清掃をしていた女性スタッフさんたちから、旅に誘われたことがあります。

「秋田くん、秋に慰安旅行があるんだけど、一緒に来ない」って。

当時から分け隔てなく、誰にでも愛想よく挨拶をしていたからでしょう。


これがわたしの一番の自慢です。

後年、「態度を常に変えないこと」が人としていかに大事か、知るようになりました。

それは『論語』の「媚竈《びそう》」という教えに通じるかもしれません。


京都に行った時の話をさせてください。

突然出かけたので許可制の修学院離宮に参観することができず、ぶらぶらと散策していた時のことです。

「曼殊院《まんしゅいん》」（京都市左京区）をたまたま通りかかった時。庫裏入口に掲げられていた額に「媚竈」と書かれていました。それは良尚法親王《りょうしょうほっしんのう》直筆の額で、「媚竈」とは『論語』

から取られた言葉だそうです。

「その奥《おう》に媚びんよりは、むしろ竈に媚びよ」と読み下します。

「高い地位の者よりもむしろ実権を握っている者に媚びへつらう方が得策」というのが本来の意味。そこから転じて「奥でふんぞり返っている人よりも、竈の周りで働いている人を大切にしなさい」という教えなのだそうです。

もっとも、入社当時のわたしに「竈に媚びて」いたという意識はありません。いつも機嫌がいいから「媚びていた」記憶がないんですね。そもそも「誰が〝竈〟で誰が〝奥〟か」なんて意識をしたことがない。常にフラットだから「相手が自分より上か下か」という視点すらありませんでした。

もちろん、それは今もです。

もし作るなら「それしちゃうと楽《たの》しそうリスト」

人はどうしても楽しそうな方向に足が向きます。あなたもそうではないでしょうか。無意識のうちに、楽しそうなほう、笑顔の人がいるほうに引き寄せられるわけです。この性質を利用しない手はありません。

笑顔の人を探すのではなく、自分が楽しんでいれば、それだけで人が惹《ひ》きつけられることになります。

自分から自発的に楽しむこと、笑顔でいることは大切である気がします。

トム・ソーヤーのペンキ塗りの逸話をご存知でしょうか（正確には漆喰《しっくい》塗りのようですが、わかりやすさを優先してここでは「ペンキ塗り」とします）。

トムが、大人に言いつけられた塀のペンキ塗りをわざと意味ありげにやっていたら、悪友たちが「ぼくにもやらせて」と集まってきた。そんな痛快な話です。

トムはもったいぶり、さらに人を集めます。そして最終的には〝参加費〟を取って仕事を渡したんです。まるで落語のようにオチが秀逸なエピソードです。

そんなにうまくいったのは、トムが機嫌よく、楽しそうにしていたから。

これは示唆的な話だと思います。『トム・ソーヤーの冒険』(マーク・トウェイン著、柴田元幸訳／新潮文庫)、ぜひご覧になってください。

実際わたしも若い頃から「いつも楽しそう」とよく言われました。それは今でも続いています。

「人生に前向きでいる」「ポジティブに生きる」、そう大上段に構えると、すぐに息切れしそうです。

でも「楽しそうにしていよう」なら、負担にならない気がするんですよ。力みすぎないことも大切です。

そのための工夫の一つとして、わたしは「Ｔｏ Ｄｏリスト」を作らないようにしています。だって「しなければいけない」というのは負担ですから。かわりに「Ｔｏ Ｅｎｊｏｙリスト」を作っています。訳すと「それしちゃうと楽《たの》しそうリスト」。これくらいの軽さがわたしには合っているんです。

ショーペンハウアーもこう言っています。

「直接、現在において幸福を与えるものは朗らかさ以外にない」
（『幸福について』ショーペンハウアー、橋本文夫訳／新潮文庫）

要は受け止め方の問題です。
雨で濡《ぬ》れたベンチを「座れない」ではなく「木漏れ日の下で水滴が輝いて素敵」と表現するほうが豊かな気持ちになれそうでしょう。余裕をもって今の物事を受け止め、その上で自分が何をすべきか考え、行動するだけです。

横に咲いている花の名前を言う

「周りの人が、情報やきっかけを持っているというのはわかった。でもどうすれば、親しくもない他人から情報を引き出せるのか」

そんな声も聞こえてきそうです。

答えは明快です。自分から意識的に声をかけ、会話を始めることです。

当然ながら、高圧的な態度、傲慢で強引な話し方はいけませんよ。

利己的な問いかけを一方的に重ねるのも、同じことです。

人とのやりとりにはたいてい「目的」があるわけですが、その目的を叶《かな》えるためにストレートなフレーズだけをむきだしで投げかけるのは、感心しません。

必要なのはゆとりと、ウィットです。

比喩的に言うと「本題」に入る前の枕として、横に咲いている花の名前を言う。

それが会話における大人の嗜《たしな》みです。

ではでは「横に咲いている花の名前を言う」とは、いったいどういうことか。

本書を読んでくださっているあなたに、具体的にかみ砕いてお伝えするなんて、今さら野暮な話だとは思いますが、お伝えしておきますね。

端的に言うと「相手が嬉しくなるようなこと」を言う。

要は「褒める」ということです。

実際、わたしはそうやって渡世をしてきました。

大丈夫、どんな人にでも「褒める」力は潜在的にあります。極端な話、痛烈な批判ができる人ほど、多くの人を感動させるような褒め方もできるはずです。

1997年。独立から10年後の頃の話です。

東京ビッグサイトで開かれた「国際福祉機器展」に、売り込みに行った日の話です。あまり手応えを感じられず、帰ろうと思って通路に出たその時。反対側の会場で「自動機器展」が開催されているのに気づきました。

見ると入口近くで「セキュリティーゲート」の試作機のデモンストレーションが行われています。

「セキュリティーゲート」とは、別名フラッパーゲートとも呼ばれます。

念のためご説明しておくと、その名の通り、安全を担保するために設置される出入口のこと。IDカードや生体認証などを連携させることで「認証された人」のみが出入り可能になります。今では多くの方に知られる存在ですが、当時はまだ世に出現したばかりの〝黎明期《れいめいき》〟でした。

わたしにとっても、セキュリティーゲートを見たのは、その時が初めて。ですからそこにいた説明係の方、Aさんに「これ、かっこいいですねぇ」と率直な気持ちをお伝えしました。

そこで少し言葉を交わしていたところ、説明係の人が思い出したようにこう言ったのです。

「そういえば、設計者がデザイナーを探しています」

そこで名刺交換をしてお別れしたのですが、翌日にはセキュリティーゲートを開発したその企業から連絡をもらい、次の日には打ち合わせに行きました。

そして完成したのが「TAG-5000」というセキュリティーゲート。2003年4月に竣工《しゅんこう》した六本木ヒルズなどに導入されています。その進化版の「TAG-9000」は虎ノ門ヒルズやGINZA SIXなどで現在も活躍中です。

物珍しさから「かっこいいですねぇ」と、褒めただけなのに「代表作」といえる仕事にまでつながった。これはコミュニケーションの賜物《たまもの》ではないでしょうか。

もう一つ、同様に褒める形で仕事につながった例に、信号機のデザインがあります。高校時代の友人から「工業デザイナーを探している会社がある」と連絡をもらいました。よく聞くと、直径30センチほどの大型の照明器具を作りたいとのこと。そのデザインをすることになり、信号機メーカーなら大型照明器具を作れるかもしれないと、福岡県大牟田《おおむた》市の信号電材さんという企業を訪ねたんです。

日本には信号機を作っている会社が、当時は4社ありました。信号電材さんは、最後発メーカーでした。

同社に足を運び、信号機を初めて間近で見せてもらったのですが、その巨大さには驚きました。

案内してくれた信号電材の社員、Bさんの前で「おもしろい！」を連発しながら見ていたところ、後日、同社から信号機のデザインについて相談の連絡がありました。

これは推察になりますが、当時の同社は「社外のデザイナーに依頼をする」という慣習はなかったようです。しかし「工場見学の際、信号機に関心を持っていた秋田さんに依頼したら」と、社員のＢさんが社内で提案してくれたのです。

そしてわたしがデザインした薄型のＬＥＤ信号機は２００６年にデビューして、今や日本全国で活用されています。

このようにセキュリティーゲートと信号機、どちらについても言えるのは「褒める」ことから始まったという点です。

「自分はいい仕事をするから、ぜひやらせてほしい」

そんなストレートな売り込みをしたら、そこで終わっていたことでしょう。

打算なく、シンプルに感動を伝えることは、何にも増して大事なのです。

これが先にお伝えした「横に咲いている花の名前を言う」の真意です。

全国で活用されている
LED薄型歩行者灯器
（2006年／信号電材）

虎ノ門ヒルズやGINZA SIXなどで採用されている
セキュリティーゲート「TAG-9000」
（2009年／高見沢サイバネティックス）

お洒落について

わたしが60歳前後の頃の話です。「こんな車に乗ってほしい」「オートバイには乗らないでください」などとリクエストされることがよくありました。まるで「おじさんリカちゃん人形」みたいですよね。

また、当時知り合った相手が「10年前、最初に会った時の秋田のスタイル」を靴にいたるまで覚えていたりするのを聞いたこともあります。

そんな経験を重ねてきたせいでしょう。「自分の有り様」に意識がいくようになり「服装とは相手へのプレゼント」と思うようになりました。

そしてこの言葉をXで書くたびに、いつも大きな反響をいただいています。

「お洒落」とは「自己的」で「主体的」なものだと思っていたところに「他人から見た客観性」とさらには「贈り物だ」という考え方に、驚く人が多いのでしょう。

人から見たら自分は景色にすぎません。それなら美しい景色をお見せしましょう、と考えています。

あまりいいものは着ていませんが「新しさ」と清潔感を大切に思っています。できれば会った相手に好感を持ってもらえるぐらいでいいですし、会っていることを楽しんでもらいたいのです。

ですから、流行の服装やことさらお洒落な服装をすすめたいわけではありません。

お風呂に毎日入り、散髪には月に1～2回は行って、歯医者で歯をきれいにしてもらい、よく洗濯された「なんでもない服」を着るのがいいかと思います。

家の中でも「ファッションショーに出演している」というくらいの緊張感を保つことが大事です。

要は気を抜かないことです。

「心が不安定になったり、疲れすぎたりすると見た目に構わなくなって、服装から乱れてくる」

わたしが信頼している主治医が、そう教えてくれたこともあります。

ある時、事務所に遊びにきた若き友人が、こう言ってくれました。

「秋田さんの部屋って、いつも片付いていますよね。スリッパをいつも履いているし、椅子にもちゃんとした姿勢で座っている」

確かにわたしには気の抜けた格好をした「オフ」という瞬間があまりないのです。人前でも、事務所や自宅にひとりでいる時も実はそうです（髪の毛が立ちっぱなしのことはあるかもしれません）。

昔の話になりますが「近所で火事が起きて、寝間着のままで飛び出したら取材のクルーにかっこいいと撮影されるような日常でありたい」とエッセイに書いたことがあります。

つまり「よそ行き」と「普段」であまり差がない。
よくも悪くも「ハレ」と「ケ」であまり差がない。
服装については、それが理想ではないでしょうか。
だって、いつ人様の視界に入ってしまうかわかりませんもの。
無理のない範囲でお洒落を楽しみたいと思っています。

わたしが今の自分をいいなあと思うのは、「中身」がすっかり年相応のおじいちゃんであることです。そんな「中身」を、キャップと伊達《だて》メガネとアメカジファッションでラップしています。

この格好は、背伸びをしたものではありません。80代になっても90代になってもずっと続けていけそうな〝持続可能〟である点も、気に入っています。

このような営みは「自分をデザインしている」と形容できるでしょう。

また人生をある程度重ね、いろんな変化を受け入れたうえで〝粗隠し〟もうまくなってきました。ですから「自分をリ・デザインしている」と言えるかもしれません。

たとえば薄い眉毛を隠すために、黒縁の伊達メガネをかける。

あごの小ささをごまかすために、ひげをたくわえる。

そして白髪を活かすために、白っぽい服は選ばない。白はもちろんお洒落な色なんですが、全身白だと「シルバーフォックス」になってしまうんです。

また取材や収録前には、エチケットとしてファンデーションを塗る（ここだけの話、肌のシミを取る美容にとても関心があります）。

ドレスコードがわからない場合は、「フォーマル」と「カジュアル」の2種類の衣装を持参し、相手の意向に合わせる。


こんなセルフマネジメント、セルフプロデュースをしていると、どんどんハマっていきます。根が凝り性ですからね。理想像だって、気づかない間に洗練されていきます。

「身なりを整えるなんて苦行」と感じる人もいらっしゃるでしょうが、なかなかどうして、楽しいものですよ。そもそも装うことって、義務じゃなくて〝快楽〟ですから。

このように「生きる」ということは「生きていてもかまいませんか？」と世間に問い続ける行為だと思っています。

そのために「デザイン」を使って「わたしが生きていてもよい」と周りから許しをもらっているととらえています。世間が許してくれる範疇《はんちゅう》で、最大限自分本位で生きるのが、わたしのスタイルなのかもしれません。

視覚造形作家のラスロ・モホリ＝ナジは言っています。
「デザインをすることは職業ではなく姿勢である」って。

あなたはいかがですか。

人と話す時はステージに立つ

前の服装の話に関連してお伝えしたいのは、「気を抜かない」ことの大切さです。「景色としての自分」であるために油断しないということもありますが、自分の身を安全に保つことは何より大事です。何もないところでうっかりつまずいたり、すべったり、ものに足の指をぶつけたりしないよう、冷静でいることです。混雑しているところでは、人に当たられないよう気をつけることです。どんなに自分が気をつけていても、歩きスマホの人がぶつかってくるなど理不尽なことは多々ありますから。

もちろん若い頃も、そんな失敗や衝突はよくあったものです。ただ、その頃と今とでは、痛手を負った時の回復力が違います。たとえば家の中でのちょっとした転倒がきっかけで、寝たきりになることもある。

だから油断は禁物なんです。

そう考えるとネガティブになってしまいますから、こうとらえてみてください。

「気の利いた返事をするためにも、油断しないようにしよう」

実際わたしは、人と会っている最中は、くだけているように見せかけてまったく気を抜いていません。

ですから会話の文脈に沿った形で、ちょうどよいダジャレをすぐに言えるのです。

どんなに頭のよい人も、油断すると会話から精彩が失われます。

大事な人と話す時は、「ステージに立つ」くらいの気持ちでいてちょうどいいのでしょう。

「いつも通り」という「通り」はありません。

そして油断は〝情熱〟という油が切れた時に生まれるんです。

身近な人にも期待なんてしない

「秋田さんは『人に期待をしない』と言うけれど、さすがに身内には期待する時もあるはず」

こう思っている方がいらっしゃるかもしれません。

ですが、身内には期待をしたことがありません。

むしろ身内だからこそ、期待なんてせず、節度を持って接しています。

ある程度の距離感は、心地よい日常を保つためにも必要です。

「身内だからコントロールできる」と思い込んでしまうから、おかしくなるのです。

そもそもわたしは身内に「思い通りに動いてほしい」と願ったことすらありません。

幼少期のわが子にすら、そんな感情は湧きませんでした。

子供には「生まれてきてくれてありがとう」という思いがあるだけです。「自分の仕事を継いでほしい」とも、「自分が叶えたかったことを実現してほしい」とも考えませんでした。

しかしメディアの情報を見ていると、わたしと同世代の方の中には「わが子が（望み通りの）就職をしてくれない」「わが子がなかなか結婚してくれない」などと悩む方もいらっしゃるようですね。

率直なところ、わたしは「自分の気持ち」すらいまだによくわかっていません。ましてや、身内の気持ち（本意）など、わかるわけがありません。「身内の気持ちはわからない」という自覚はありますので、本人の意思に任せています。

これが「期待をしない」という意味です。

今のところ、誰かが困っていたり、不満を抱えたりしているわけではありません。

むしろうまく回っているように思えます。

「意にはならないもの」という諦めから、余裕や機嫌のよさは生まれます。

「素敵な手土産リスト」を作りましょう

趣味のいいお土産をプレゼントできる人は、素敵です。

心地のよい人間関係を築いたり、保ち続けたりしたい時。

「いいお土産」をプレゼントできるセンスは、強力な味方になってくれます。

「センス」と聞くと身構えてしまう方がいらっしゃるかもしれません。

「わたしにはセンスが無いから」と釈明される方を、今まで何人も見てきました。

でも「センスが無い」なんて、自ら言っても、思ってもいけません。

そんな風にとらえる前に、できることがいろいろあります。

〝センス〟とは生まれつき与えられる才能のようなものではなく、自力で磨き上げられるものです。

特に「お土産を選ぶセンス」については「情報をリサーチする能力」に近いといえるでしょう。

たとえば雑誌などで紹介されているハイブランドな製品を書き留めるなどすれば、「素敵な手土産リスト」をあっという間に作ることができます。

(お医者さんの待合室に、ツルツルの表紙をした豪華な雑誌がよく置いてあります)

これは「人に喜んでもらうために、日頃から知識をためておく」という発想です。

もちろん、お土産を贈る相手の好みを探るリサーチも大事です。

ちょっとした会話や観察から、相手の好み、趣味などを察するのは可能なはずです。

「自分の機嫌をうまくとって朗らかに過ごすこと」は、生きていく上で、大前提として大切でしょう。

でも、「人に喜んでもらう」という利他的な視点もあれば、鬼に金棒なんですよ。

わたしが実際にいただいた手土産の話もしておきましょう。

何年も前の話ですが、引っ越しの挨拶として、シャネルのルームフレグランスのセットをいただいたことがあります。この時は「なるほど」と唸《うな》りました。

まず「あのハイブランドに、こんな製品があるのか」と驚きました。

そして、お洒落で品もいいので、純粋に嬉しくなりました。

「かさばらないから、部屋にもそのまま馴染んでくれるだろう」

そんな気持ちが湧いてきて、胸が躍りましたね。

もう一つ、「助かった」という記憶があるのは、フォートナム・アンド・メイソンの紅茶のティーバッグの小さな詰め合わせです。こちらは親戚からの返礼品でした。

洒落ているのでお客様にお出しすることもできるし、重宝しました。

ご紹介した2つの手土産を総合して考えると「小さい」「腐ることがない」「好き嫌いが関係しにくい」「実用性が高い」「お値段はちょっとする」という5つの条件を満たしているのが「気の利いた手土産」といえそうです。

このように「何かないかしら」とアンテナを張り始めると、日々の暮らしがより楽しく鮮やかになっていきます。

会う時は1対1がいい

お茶をするにせよ、食事をするにせよ、誰かと「会いましょう」となった時。できるだけ「1対1」になるようにしています。

なぜなら、3人以上になると自然に駆け引きが生まれてくるからです。

これはたとえ話になりますが……。

Aさんが、Bさんにいいところを見せたいがために、Cさんにマウントを取ったり。「〝序列〟ができる」とまではいかないにせよ、通常と違う態度をとったりしてしまう人もいるからです。

それに「1対1」でしか話せないことって、やはり多いでしょう。

「シンプルな関係性の中で、忖度《そんたく》抜きでストレートに伝えたい」

そんな思いもあって、わたしはなるべく2人で会うようにしています。


これは、大人数での会食やパーティーなどでも同じです。

話したい相手が複数いるとしましょう。

たとえ、その人たちが友人同士であったり、親しい関係同士であったりしても。

「1対1」で、目を見ながら真摯に話す。

そんな姿勢を、できるだけ大事にしています。

「1対1のスタイルを貫くと、多くの人と交流できないでしょう？」

そう思われるかもしれません。

でも、大丈夫です。

「1対1」で向き合っていると、必ずそこに声をかけてくれる人が現れます。

そうしたら、「またね」とキリのよいところで話を終え、また新たな相手と会話を始めればよいのです。

「1対1」で話している姿に、人は惹かれるものなのです。

なぜなら、多くの人は「1対1で真面目に話している人」が好きだから。

本能的に「あの人は、対話する相手を大事にしてくれる」と察知するのでしょう。

極論を言うと「大勢の輪の中で、不特定の相手に相槌《あいづち》を打っている人」よりも「1対1」で対話をしている人と話したいのです。

「そんな人と話せば、自分のこともきっと大事にしてくれる」と判断するわけです。

実際、多くの人が集まる場では、薄情になる人もいます。

その人の素の顔が出てしまうのです。

たとえば、それまで親しく話していたのに、仕事をくれそうな人や有力者が来たと見るや、挨拶もそこそこに、途端にそちらに行ってしまう人もいます。

それは「駆け引き」以上に失礼な態度だと思います。


わたしはこれまで大学などで教える立場だったので、学生さんや後輩など後進の人たちも集まるパーティーに呼ばれることもありました。

そこに、著名人や偉い人が会場に現れることもしばしば。でもわたしは話をしている学生さんを差し置いて、そちらになびくようなことはしませんでした。


学生さんと1対1で話していたら、向こうから呼ばれない限りは、学生さんとの会話にそのまま興じ続ける。そんな人間でいたいと思っています。

相手のニーズをつかむ

会話での原則は2つあります。

1つ目は、聞き上手を目指すこと。

会話で心がけているのは「自分が言いたいこと」よりも「相手が聞いてほしいこと」を探ることです。シンプルな話です。

毎日を愉快に過ごしたければ、相手の話を素直に聞けばいいのです。

わたし自身は若い人に教わることが多いのですが、素直に話を聞くので結構人気者です。


「話す口より聞く耳を養うべし」

そんな名言も聞いたことがあります。

そうそう、「集中力」という言葉がありますね。

ともすれば「自分に対して発揮する力」と思いがちですが、話を聞く時に「相手に対して」発揮すると、非常にいいですよ。

2つ目は、「人が聞きたいこと」を把握することです。

自分が言いたいことと、人が聞きたいことは違うんです。

伝えたい気持ちが強いと頭の中でさまざまなシミュレーションをして話の完成度を高めます。しかし相手は「ほぼ初めて聞く」わけでそんなシミュレーションは知る由もありません。そこに「真剣なずれ」が生じるのです。

あえて相手が「遊べる余地」を残すことは大切です。

すべて相手ありき、なんです。

予期せぬ悪意から、身を守る

「世の中との関わりは、大切に保ち続けたい」

そんな思いは、誰にでもあります。

とはいえ、そこに落とし穴があるようにも感じています。

世の中との関わりを維持しようとした結果、ダメージを負ってしまうこともあるからです。


その代表例の一つが「同窓会」でしょう。

同窓会とは「どうしようかい」。

案内のハガキが来ていたり、身近な友人が出席すると言っていたりする場合。

「自分も顔を出しておいたほうがいいのだろうか」

そう迷った経験がある方もいらっしゃるでしょう。

もちろん「同窓会が好き」「よく出席している」という人は、問題ありません。どんどん参加して楽しめばいいのです。

問題はそうではない方です。

「出席しよう」と即決できず、心にわだかまりがある場合。慎重に決めたほうがよいかもしれません。

なぜなら、同窓会という場にはいろんな人がやってくるからです。

卒業後の同級生たちの人生も価値観も、多様です。

学びや成長を途中で止めている人もいます。

たとえば30代で止まっている人、40代で止まっている人、50代で止まっている人。

「かつて同じ学校で学んだ」という共通項はあれど、その後に長い年月が経っているのですから「全員と話がぴったり合う」とはいえません。

いえ、「話が合わない」というだけなら、まだ〝実害〟はないでしょう。

厄介なのは、コミュニケーションを深めるうちに、「自分に非がまったくないのに、一方的に傷つけられてしまう危険性」がある点です。


「世の中はみんないい人ばかり」と思いたいもの。

ですが残念ながら、どんな集団にも「マウントを取ってくる人」や「誰かのプライドを傷つけることを生きがいにしている人」が、一定の確率で存在しています。

そんな人に引っかかって、プライドを傷つけられてしまっては、気分がずんと落ち込んでしまいます。


もちろん、同窓会にはメリットも多くあります。

「それでも行きたい」と思えるならば、万障繰り合わせて出かければいいでしょう。

でも、なんだか気持ちが重いなら。嫌な予感がする場合は、自分を鼓舞してまで参加しなくてよい気がします。

以前テレビで、ある大物芸能人の方が同窓会に参加した時のことを話していました。その方は元同級生に〝上から目線〟で、無遠慮にこきおろされたのだとか。そのエピソードを聞いて「あれだけ大御所になっても、同窓会という場ではそんな目に遭うことがあるのだ」と驚きました。

家から一歩出ると、思わぬ善意に助けられることもありますが、思わぬ悪意に傷つけられるリスクも生まれます。

年齢を経ると心の耐性も低下しがちですから、不快感が予想以上に後を引くこともあります。

結論としては、「気乗りがしない場」に無理をしてまで出席することはありません。

「付き合いが悪いと言われるんじゃないかしら」

そんな先回りした心配は、無用です。それより「同窓会後にやってくるどっしりとした疲れ」について心配したほうがよいかもしれません。
またわたしの場合は、このルールをあらゆる場面に適用しています。
「気乗りがしない」「不安がある」と感じたら、無理を押してまで出席はしません。
緊張や不快感が顔に出ては、かえってご迷惑になるかもしれませんから。
つまり「無理して出席しないこと」も、きれいに、よく生きるための配慮なのです。

「言わない」という知性

前向きな思いもネガティブな思いも、すべてを話す。
把握している情報の、すべてを話す。
こんな「すべてを開けっ広げに伝える」という姿勢に、わたしは懐疑的でいます。

言わなくていいことは、言わない。

伝えなくていいことは、伝えない。

話さなくていいことは、話さない。

その塩梅《あんばい》は難しいところですが、いつの時代も〝節度〟のようなものが求められている気がします。


その理由にはいろいろあります。

1つ目の理由は「相手を傷つけたり、不安にさせたり、気分を害したりしてしまう可能性があるから」です。

余計なひとことが、相手を無用の詮索に向かわせたりすることもあるでしょう。

そんな事態を未然に防ぐため、沈黙が〝金〟になるわけです。

たとえばわたしは、打ち合わせの席上で大抵のミスは指摘しません。その場に居合わせた人の、誰も幸せになりません。大事なのは話の流れでしょう。また「話をする人が気兼ねなく思いを話せる空気」にしたいという思いもあります。よほどの間違いでなければ修正は打ち合わせの後でもできますし、ほとんどの場合本人が気づきますから。

2つ目の理由は「相手の成長を阻む可能性があるから」です。

これは、わが子や部下など「誰かを〝育てる〟際に当てはまるケース」です。

相手が問題や謎を解こうとしているのに、正答を提示してしまっては、いつまで経っても解法は身につきません。

相手に仮説を立てさせ、その検証を試みてもらうためにも「あえて答えは保留する」というわけです。

3つ目の理由は「すでに関係が温かいから」です。

極端な話、よい関係が築けていれば、会話自体が〝蛇足〟な場合もあります。

そんな沈黙が温かい関係を「親しい間柄」と呼ぶのでしょう。

ですが、それに気づかない人も多いもの。たとえば「間が持たないのは困る」とばかりに適当な話題を口にし続け、最終的に余計なことに触れてしまう……。
そんなコミュニケーションは、非常に惜しいと思いませんか。

言う価値より、言わない価値。
「言わない」という知性もあるのです。

これは、本についても言える原則です。
わたし自身、考えのすべてを明文化して活字にしているわけではありません。
それについては165ページをご覧ください。

いずれにせよ、相手の洞察力や読解力を信用して委ねることです。
「言わない知性」とは、「相手を信頼できるという知性」です。

正直は相手に苦みを与え、素直は甘みを与える

「正直」と「素直」。同じ字が含まれていますが、そのニュアンスは大きく異なります。
「正直」とは、自分に対して正直であること。「素直」とは、相手の言うことを受け入れること。
「正直」というのはいい表現に聞こえるかもしれませんが、自分が中心の考え方で、相手に対する慮《おもんぱか》りはないですよね。

社会に出ていろいろ経験すると、「素直さ」より「したたかさ」の必要性に目覚めます。

そこで「素直さ」を置いていきます。

そして「したたかさ」に疲れた頃に「素直さ」が大切だと気づくのです。

かく言うわたしも20年前は「正直」だったと思います。

たとえばネット上での発信を比べてみても、それは明らかです。当時発信していたブログはわたしの手続きミスによりうっかり消滅させてしまったのですが、尖《とが》ったことを書いていました。「怖そう」という印象を与えていたかもしれません。

でもそんな時代を経て、いまのトーンや見せ方に落ち着いているわけです。


「そんな過去があったとは意外です」とよく言われます。

振り返ると「これから世に出てやるぞ」という思いもあり、爪痕を残したかったのでしょう。だからエキセントリックなことを言いたくなってしまう。若気の至りです。

でも今はもう「エキセントリックなわたし」である必要はありません。

自分も含めて誰かを傷つけるようなことは、一切書きたくないんです。

そりゃ今でも、書こうと思えばそういう内容はいくらでも出てくるでしょう。でも、書いていません。書いてないから「柔和な人」と思ってもらえるんです。

「本音を言う人」は、「正直な人」とイコールではありません。
言葉を相手に伝える時に大切なのは「相手が聞いて不快ではないか」です。
相手への配慮を欠いた本音は、相手を傷つけます。
「正直」とは配慮の先にあるものです。
わたしはこの考え方を広めたいと願っています。

「正直」は自身に、「素直」は相手に。
正直は自分に対する誠実であり、素直は相手への誠意があればこそです。

「素直さ」には相手の心の壁をスッと通り抜けるチカラがあります。
素直に好意的に物事を受け止められる人は最強です。
大事なのは「目の前にいる人」の話に耳を傾け、素直に対応することです。
難しく受け取らないで、素直に受け止める。
受け止められない場合は気持ち良く受け流し、きれいに忘れて次に備える。

そんな態度が一番です。

素直さは、いろいろなところで役立ってくれます。

素直に聞く。
素直に受け取る。
素直に考える。
素直に工夫する。
素直に行動する。
素直に感謝する。

日常も言動も仕事も、素直さが一番です。
では「素直さ」とは一体何か。
「誠実さ」と「真摯さ」に分解できるような気がします。

第2章
人間関係のデザイン

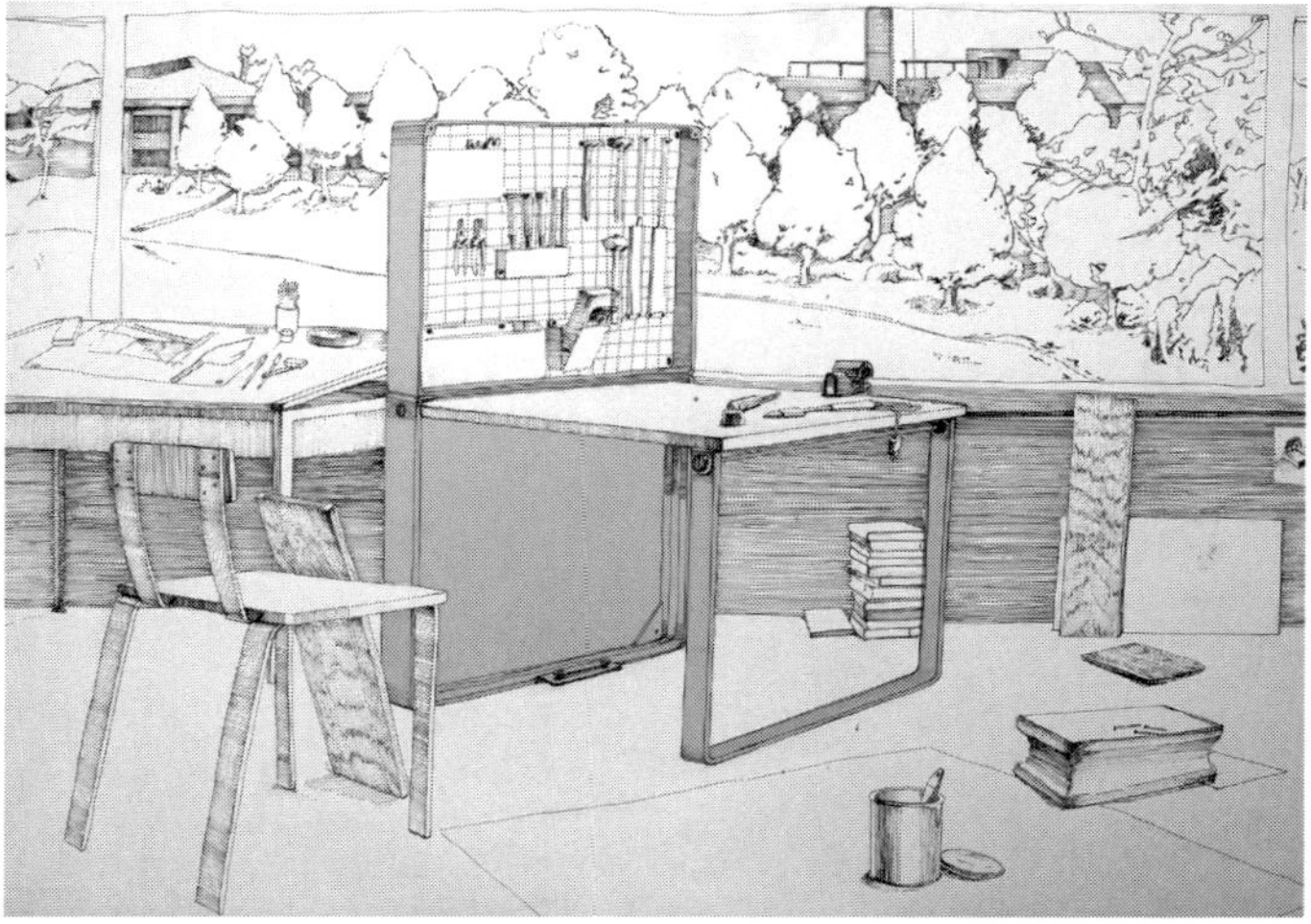

大学3年時の課題「道具箱」です。
この絵は「素直さ」と、
細かい部分まで気を抜いていない描写に対する
「真摯さ」が観る人に伝わるのかなと思います
（秋田道夫／1975年）

第3章

幸せのデザイン

笑顔が大切なのではない

わたしがまだ60代になる前だったと思います。

テレビのドキュメンタリー番組で、大学のある研究者の男性をお見かけしました。

番組の主人公であるその彼は全盲で、聴力も失った方でした。

それまでのわたしなら、正視することができずにチャンネルを変えていたかもしれません。でも、一瞬観た彼の姿に、わたしは純粋に惹かれたのです。

一つは、彼にインテリジェンスというか知的な探究心に満ちた「未知の世界」があったから。

もう一つは、「あるがままと相対するしかないという諦観」を感じたからです。

それは「静かな覚悟」と言い換えられるかもしれません。

「受け止め難いこと」が自分に起きた時、どのように在ればよいか。番組を観続けたわたしは、彼に大きな学びをもらった気がしました。

とはいえ、そこまで「受け止め難いこと」が、わたし自身に起こった経験は、正直なところありません。強いていえば、わが子が幼少の頃、ちょっとした病気でごく短期の入院をした時くらいでしょうか。（ありがたいことに後遺症も何も残らず、成人しました）

わが子が入院してわかったのは、重い病気をもつお子さんの両親がことのほか「明るい」という事実です。特にお母さんは元気で、優しく穏やかな表情をしていることです。

わたしはドキュメンタリー番組を観ながら、そんな昔の光景を脳裏に鮮明に思い浮かべました。

なぜなら番組の主人公のお母さんもあっけらかんとした方で、太陽のように明るかったからです。

入院中の写真で、主人公がベッドの上でうなだれていて、お母さんがカメラに向かって微笑んでいるのがとても印象的でした。

「泣いたり嘆いたりしていて状況が良くなるならそうするけれど、どうあっても現実が変わらないのならば明るく笑っているしかないでしょ」

お母さんのそんな言葉が聞こえてくるようでした。

わたしはレンブラントの最晩年に描かれた自画像が「微笑んでいる」のを思い出しました。

「笑顔」が重要であるわけじゃありません。笑顔になれる気持ちのありようが大切なんです。

些事《さじ》を投げない

「匙《さじ》を投げない」、転じて「〝些事〟を投げない」という言葉が好きです。

暮らしにおいても、仕事においても、些細なこと、つまり〝些事〟が大切です。

そして些事をきちんとこなそうとする態度ほど尊いものはありません。


そもそも日常なんて、細かいことや煩わしいことの集積といえます。安全で、清潔で、心地のよい空間を維持するためだけでも、膨大な手間と時間がかかっています。

たとえば「今日は整った部屋で大好きな本を読もう」と計画を立てたとします。

でもそこにたどりつくまでに、やるべき煩雑なことは山積みです。

朝から玄関先を掃いたり、洗濯機を回したり、布団を干したり、シーツを取り換えたり、消耗品を補充したり……。

時には宅配便や電話、来客など、急な対応も求められます。とはいえそれらの〝些事〟をないがしろにしては、あっという間に家の中の秩序が乱れ始めます。

身の回りを快適に保てなくなり、肝心の読書にたどりつくどころではありません。

つまり日常は「些事」だらけ。だからといってそれらを端折っては、読書のような精神活動どころか「すっきりとした清潔な暮らし」すら危うくなってしまいます。

その流れは仕事に置き換えても同じです。

事務所のゴミを出したり、領収書をフォルダーに入れたり、郵便物を整理したり、お茶を入れたり……。

本業とはまったく関係のない仕事も、沢山あります。

しかしそれらがちゃんと片付いていないと頭の中に「澱《おり》」のようなものが蓄積され、

それが肝心の本業に取り組む際の妨げになってしまいます。

反対に、日常の「些事」がスムーズにできていると清々《すがすが》しい気持ちになり、能率が上がったり、よいアイディアが湧いてきたりします。

ですから仕事においても、些細なこと、つまり〝些事〟は大切なのです。


些事をきちんとこなすことで、「腑《ふ》に落ちる」ことができます。

わたしは、些事を投げない日常を「腑に落ちた日常」と呼んでいます。


「腑に落ちた日常」は、良い仕事の土台です。

「腑に落ちた日常」は、良い人生そのものです。

自分のルーティンを楽しむ

日々を機嫌よく過ごすために。落ち込むことなくフラットな気分で過ごすために。

わたしにはいくつかのルーティンがあります。とはいえ、何かを目指すための厳しいものではありません。「いつのまにかそう定着していた」もので、その通りでなくても別に困らないという、非常に緩いルーティンです。

「健康を意識した模範的なもの」でもありません。

わたしが心地よく、楽しく過ごすためのルーティンです。心を健やかに保てるわけですから、結果的にストレスを手放すことにつながっているかもしれません。

1つ目のルーティンは「早寝遅起き」。

「歳をとると早起きになる」とよく言いますが、わたしは逆に「早寝遅起き」になってしまいました。

8~9時にシャワーを浴びて、お気に入りの葡萄《ぶどう》パンとレタスの朝食を食べて薬を飲み、駅近くのコンビニに入ります。そして「カフェラテのラージ」を買い求め、持参のステンレス水筒に移し替え、10時過ぎに事務所に到着。そのラテを飲むのが「なんとなくのパターン」です。

2つ目のルーティンは「板チョコとコーラのおやつ」。

この2つは、冷蔵庫に必ず入れています。「切らさない」ことで、気分を落とさずにすみます。

ポイントは、コーラのサイズ。よく売られている350ml缶ではなく、うんと小型の160ml缶を選びます。デザインの持つ魔力だと思いますが「小さい=薬」に感じるんです。不思議なものですよね。

あとは、ルーティンとは言えませんが、気が向いた時、昼間に小ビールやグラスワインなどのお酒を飲むこともあります。

とはいえ量は少量です。浴びるように飲みたいとは思いません。量より質。少量のお酒なら、体によさそうな気もします。

極端な話、80 mlくらいで十分と感じることも。そんな時は、感謝しながら飲み残します。無理して飲んで健康を害したら、周りにかえって迷惑をかけてしまいますから。

そもそも外食で出される量は、お酒に限らず「1食分の量」が多く設定されている気がします。「自分には多すぎる」と感じたら、手を合わせて残す。そんな対策も大事かもしれません。可能ならオーダー時に「ライス少なめ」「小盛りで」などとお願いできればスマートでしょう。

要は、自分の適量を把握し、苦しくならないよう「デザイン」することです。

わたしは「アルコールを楽しんでいる」というよりもむしろ「飲めるという自由を

楽しんでいる」のかもしれません。

力まない

「無理しない、後悔しない、誇らない、卑下しない、力まない」

こんな前向きな「ない」を心がけています。

中でも難しい「力まない」についてお話しさせてください。


「力まない」というのはなかなか難しいものです。

たとえば「賢く見られたい」「優秀に見られたい」「情報に精通しているように見られたい」なども、「力み」に含まれますからね。


このような承認欲求のいなし方については、わたしもわかりません。

ただ、これらの「力み」が「人様にはすべてお見通しである」と認識すると気恥ずかしくなって、少しは抑えられるかもしれません。力むぶんだけ、周りは逃げていきます。

もちろん、どんな人にも「力み」はありますよ。

デザイナーとしてのわたしも、かつてはそうでした。最初は力みでもしないと、世間に存在をアピールできませんから仕方がありません。

とはいえデザインの「力み」はかえって世間を遠ざけるから要注意です。

力みではなく「強い」デザインをすることが大事です。

たとえばシャワーヘッド。工夫されたものは「多くの水（チカラ）を使わないで効果的」なんです。

使う側にとっては、まったく見えない、わからない工夫ですよね。

それが「力みの抜けた強いデザイン」なのです。

デザインにおいても、人においても。力みを抜くのは、力むよりも何倍も難しいことです。チカラ（能力）がないと、力みを抜けないのは、なんとも皮肉なことです。

さらに言うと「チカラがあるかないか」ではなく「相手が欲しがっていることができるチカラがあるかないか」が問われますね。

あなたにもしチカラがある場合。その力を比べ合いっこしていないで、チカラが足りずに困っている人のために、少しでも活かしてほしいと思います。

毎日が、かけがえのない小旅行

ちょっと気分を変えたい時。

あるいは、何かしたいけれども、特に予定がない時。

わたしがおすすめしたいのは、今いる場所から「移動をする」ことです。


用事がなくてもいいんです。

目的がなくてもいいんです。


「自分の居場所」を変えるだけで、機嫌をよくすることができます。

わたしは、それを「転換」と呼んでいます。

「いつもの居場所」を離れて少し歩くだけで、不思議なほどすっきりとリフレッシュできます。


たとえばわたしの場合。仕事場で数時間を過ごしたあとは、バスや電車で数駅移動をして、そこで食事をとったりします。そして、行きつけのお気に入りの洋服店をめぐって、仕事場に戻るのです。

そんな楽しい「転換」を経て仕事場に戻ると、作業がはかどったり、よいアイディアを思いつけたり、新しい目標が見えてきたりします。

時には、それまで悩んでいたことを、すっかり忘れてしまうことも……。

いったいなぜ、そんな効果を得られるのでしょうか。

それは「転換」によって、普段と異なる情報を吸収できたからだと理解しています。

そもそも人には、情報を受け取る〝受信機〟のような性質があるように思います。

だから「自分の居場所」を変えるだけで、異質の新しい情報を受け止められるようになる。すると、考え方や感じ方まで、まったく異なってくるのです。

わたしは日常的に、このような「転換」を楽しんでいます。

それは小旅行といってもよいくらい、気分転換の連続です。

つまりわたしの場合、毎日が小旅行なのです。そのせいでしょうか、「疲れを癒しに旅に出たい」というような非日常への渇望が、ほとんどありません。

非日常への期待すら、ないのです。

実際、わたしは昔からプライベートの予定をほとんど入れないため、予定表が真っ白でした。でも「何も予定がないのがつまらない」と感じたことはありません。

「何も起きないことがつまらない」と感じたこともありません。

むしろ「何も起きないことがありがたい」と思うのです。

1日の中に「転換」をうまく取り入れて、〝飽きる時間〟〝悩む時間〟をつくらない。

そして日常を、旅するように楽しみ尽くす。

それも上機嫌でいるための秘訣《ひけつ》なのかもしれません。

おばあちゃんたちのざわめき

60代の頃。わたし自身がすでに〝老人〟なのに、老人ホームにお手伝いに行った時の話です。

施設にお邪魔して歩いていると、入所者のおばあちゃんたちがざわざわっとしてくれたんです。視線とか、反応とか、「色めき立つ」というか。そういうのって、わかるじゃないですか。

「知らないところにお手伝いに行く」というのは、わたしにとってちょっとした「冒険」だったのですが、とても嬉しい経験でした。

ちょっとした勇気があれば、何歳になってもこんな冒険は楽しめます。

冒険といっても大げさにとらえることはありません。

たとえば「みんなが話しかける人に声をかけてみること」だって冒険です。「初めてのお店に入ること」も立派な冒険です。

取材で、事務所近くの飲食店に初めて入った時のことです。何軒かのお店を見たあと、とあるお店にたどりつきました。お店の外観もメニューも素敵。でも「一度も入ったことがない」。ちょっと躊躇《ちゅうちょ》しました。

でも直感を信じて飛び込んだところ、インテリアも食器も洗練されていて、手の込んだ美味しい料理をいただけたんです。そこにいたみなが大満足。「冒険は大成功でしたね」と喜び合いました。

こんな冒険心をわたしは「トム・ソーヤー的精神」と呼んでいます。

待っていても「楽しいこと」「面白いこと」なんて起こりません。

自分から進んで「楽しみに行く」ものです。「誰か遊びに来てくれないかな」と思っているなら自分から遊びに行ったほうがいいと思います。

大切なのは自らが恥をかく勇気と、相手に恥をかかせない配慮。これだけです。

もっと自分らしく、本と付き合う

前に「期待をしないこと」の効能についてお伝えしました（34ページ）。

周囲にも、社会にも、そして自分自身に対しても期待をしないことが肝要です。

この考え方は、読書についても当てはめることができます。

本に対しても、期待をしすぎない態度は重要です。

よくある期待の1つ目は「本にはすべてが書かれている」という期待です。

多くの人は「知りたいこと」を探したくて、本を漁《あさ》るように読み散らかしてしまうのです。でも四つ葉のクローバーを見つけたいがために三つ葉のクローバーを踏んでしまうのは、かわいそうというものです。

また、お断りしておくと、わたしの本は「書かれていないこと」「出てこない言葉」からできている気がします。

わたし自身が「どこまで話さなくても話が通じるのか」という遊びに興じているようなものです。

たとえると「どれだけ少ない本数の柱で、家を建てられるか」「どれだけ少ない言葉で、相手に響くメッセージを紡げるか」。そんな実験をしているんです。

ですから「書かれていないこと」「出てこない言葉」こそが、まさにエッセンスなのですが、それは一般性とは遠いところにあります。

読んだ方によって、まるで玉虫の羽のように異なるものですから、読んだ方に「委ねたい」。そんな思いもあります。

よくある期待の2つ目は「本とは、何かを教えてくれるもの」という期待です。わたしが本を読む時は「本から一方的に何かを受け取りたい」という受動的な気持ちはほぼありません。本とはあくまで主体的に「読み取るもの」ととらえています。

要は「本＝権威」と思い込まないことをおすすめします。

本の読み手は、本とより〝対等な関係〟でいてよいはずです。

かつては「読書は絶対善」という空気が存在していた時代がありました。

ゆえに「本を読んでいる」というだけで、それを悪く言われることはありません。

確かに、読書が教養や人格が身につく選択肢の一つであることは間違いありません。

ですがある程度の年齢を重ねたら、生徒のように「受け取る」「与えてもらう」という読書の姿勢は、そろそろ卒業してもよい気がしています。

誰かが考えたことを鵜呑みにして、そのまま吸収することより、自ら「仮説」を考えられることのほうが大事です。その「仮説」の正しさを答え合わせするような気持ちで、本に向き合うことができれば理想的な気がします。

つまり一冊の本の中に、たった一行でも仮説を実証してくれるような記述を見つけることができたとしたら、それは自分にとっての「良書」です。

あるいは、一冊の本に一言でも一行でも「それまで知らなかったことや思いもしなかった考え方」を見出《みいだ》せたら、それを読んだり、買ったりした価値があったということです。

本を読んで、そんな「一言」に出会えれば、それでよし。

美術展についても、そんな「一枚」に出会えれば、それでよし。

わたしはそんな感覚でいます。

取り入れる情報は、選んだほうがいい

わたしの習慣の一つに「テレビをつけっぱなしにはしない」ということがあります。
これは、自分の気持ちをむやみに下げないための自衛策です。

遠いところで起こった、気が滅入《めい》るような残酷な話。
莫大《ばくだい》なお金を稼ぎ出すスポーツ選手の話。
そして知らない有名人のスキャンダル。

冷静に考えるまでもなく、これらは「わたし」とはまったく関係のない話なんです。
極論を言うと、わたしがそれをずっと知らなくても、おそらく差し支えのない話でしょう。

それなのに、このような情報の波に我が身を無防備にさらし続けていると、感情の乱高下が激しくなって、あっという間に疲れ果ててしまいます。

たとえば「すごい額のお金をもらっているんだなぁ」と驚いたり、「あの人が、そんな悪いことをしていたなんて……」と憤慨したりしたとしても。

この世界は、1ミリもよい方向に変わりません。

そしてわたしの機嫌のよさは、あっという間に揺らいでしまいます。

つまり、ニュースで報じられる情報の世界に、知らないうちに入り込んでしまい、気持ちをそちらに引っ張られてしまうのです。

もちろん感受性には個人差がありますから、「わたしはまったく大丈夫」という人だっているでしょう。ただ、そんな人でも無意識のレベルで「ものの見方」が変容していってしまうことはあるかもしれません。

中でもわたしが避けたいのは、不安を煽《あお》るかのような事件や経済の話です。


「老後のお金は、これだけないと駄目なんです」

「日本の将来はどんどん悪くなるでしょう」

「今すぐ〇〇をしないとまずいですよ」


このような言説にも一理あるのかもしれませんが、真に受けすぎると何も楽しめなくなってしまいます。何も面白がれなくなってしまいます。


昔、あるアニメの主人公が、こんなセリフを言っていました。

「ビジネスの基本は、人を不安にすることだから」

もう何十年も前の話ですが、わたしはこの強烈なひとことが忘れられないのです。

特に「コンプレックスを煽って買わせる」という手口は、いつの世も変わらないかもしれません。

だから情報は〝選《え》り好み〟していいんじゃないでしょうかね。

「成功者は、自分が信頼している人からの情報以外は一切見聞きしない」

こんな話を耳にしたこともあります。自分の気持ちを下げて疲弊しないためには、それくらいの姿勢でよいのかもしれません。

反対に、自分の好きな情報は積極的に取り入れています。
わたしの場合、それは「きれいだな」「面白いな」と感じるものです。
たとえば好きな映画、尊敬する建築家の写真集、画家の作品。
それらをインプットして、心を満たすのです。
すると、どんな時でも一瞬にして機嫌がよくなるのですから、不思議なものです。

文は人なり

わたしは文学の研究者でも書評家でもありません。

ですが、気づいたことがあるのでお話しさせてください。

「福田恆存《つねあり》」という人をご存知でしょうか。新劇の劇作家・演出家として、また『ハムレット』などシェイクスピア戯曲の翻訳家として、多方面で活躍した戦後の知識人のひとりです。旺盛な批評活動でも知られます。

こう書くと「福田恆存とは、どんな難解な文章を書く人だろう」と身構えてしまうかもしれません。

ですがこの人が書く批評、特に文明批評は、意外なくらい平易な言葉で記されているのです。

さらに驚かされるのは「平易な言葉で書かれているのに、まるで絵画のように描写が巧みで、抽象度も非常に高く、読み手を楽しませてくれる」という点です。

そう気づいたわたしは「難解な言葉を使わなくても、含蓄に富んだ深みのある本を書くことは可能なのだ」と大きな衝撃を受けました。

それから文章を書く時は、なるべくわかりやすい言葉で書くように心がけています。

たとえば、漢和辞典を引かなければ読めない漢字ばかりを使わないようにしています。

また、新しいカタカナ語や専門用語についても同じです。調べなければ理解できない言葉は、控えています。

「最近よく使われる言葉＝誰もがわかる言葉」ではないからです。

しかし世の中を見渡してみると、それらを一般的な場で使う人は少なくありません。

わたしはそこに、文章の価値を高めようとする癖のようなものを感じます。

無意識のうちに自分自身を大きく見せようという意思が働いているのかもしれません。でも、「読み手に対して自分の力を誇示したい」という文章ほど、役に立たないものはありませんよね。

「こんなことを知っているわたし」
「こんなことができるわたし」
「こんなことに恵まれているわたし」

こういった自己顕示欲の強さをうまく捨てた先で、よい文章が書けるような気がしています。

平易な言葉で、文章をわかりやすく書けること。それも「プライドをうまく手放して、軽やかに生きているかどうか」をはかる試金石かもしれませんね。

今から20年以上も前の話になりますが、ここでの結びにエピソードを一つお伝えさせてください。

美大に入ったばかりと思わしき学生さんのブログで、次のような主旨の投稿を見たことがあります。

「クリエイターの中でもっとも敷居が低くてわかりやすいのは秋田さんだと思う。しかし言っていることの全部の言葉が理解できる、というのは読み手に『難しくてわからない』という逃げ道がなくなること。それは怖くもある」

さらに申し上げると、言っていることの全部の言葉が理解できても、内容がわからない場合。それは、「その時の自分自身が、さして必要とはしていない内容」だったり、「なんとなく受け入れがたいもの」を感じていたりするわけですから、無理をしてまで咀嚼《そしゃく》を試みなくてもいいんじゃないでしょうか。

この年になると、本当にそう思います。

ものの選び方

家具や家電製品、自動車などをはじめ世の中のさまざまなものをデザインする職業を「工業（プロダクト）デザイナー」といいます。

日本の場合、工業デザイナーの多くは組織にお勤めです。

機密案件がほとんどでしょうし、自ら発信をしたり、紹介されたりという機会もけっして多くはありません。ですからデザイナーが、広くデザインというものについて一般の方に語ることは稀なのです。

一方わたしには、しがらみのようなものがほとんどありません。

ですからデザインの現場で働く方に限らず、一般の方に向けても「このような考えでデザインを選ぶといいですよ」とお話ししたいと思っています。

最大公約数的なテーマで言うと「間《ま》のあるデザイン」はおすすめです。
これは「余裕のあるデザイン」「余白のあるデザイン」「隙のあるデザイン」などとも言い換えられます。要は「使い手が工夫をできるデザイン」です。

使い手が「工夫をしたい」と思った時。
その欲求を受け入れられる余白（間・余裕・隙）があるかどうかが重要です。

「こうすれば、もっと使いやすい」
「こうすれば、もっと見やすい」
「こうすれば、もっと組み合わせやすい」
「こうすれば、もっと調和させやすい」
「こうすれば、もっと便利で楽しくなる」

そんな試行錯誤を許容できる、いわば〝度量の広いデザイン〟が理想的です。

逆に言うと、デザイナーの個性や思いが反映されすぎていたり、主張が強すぎるデザインは推奨できません。使いづらかったり、周りとなじみにくかったりします。プロダクトデザインのように多数の人が使うものには〝透明さ〟というか〝ニュートラルさ〟というか、〝公共性〟のようなものが重要なのです。何よりわたし自身がそういった「デザイナーの個性」が出ている製品を欲していません。

何でもない。しかしこの何でもなさは、ふつうじゃない。そういう製品が好きです。(ゆえにそういうデザインをしています)

実際、作り手の自己アピールのようなものを感じるデザインには、どこか違和感がつきまとうはずです。直観的な違和感は大事にしてください。

個性より「使い手がカスタマイズできる余白を備えているか」が問題です。

そういった意味で「やはり優れている」と常々感心しているのが、無印良品の製品です。収納用品などを中心に、長らく愛用してきました。

わたしがよく行うカスタマイズは、積み重ねられる引き出し式のケースに、インデックス（中身を記した紙）としてフィルム素材の付箋を貼ることです。

既製品の中には、インデックスを入れる金属製の枠組みをあらかじめ付けてくれているものもあります。

「ラベルホルダー」といえばわかりやすいでしょうか。

しかしそんなラベルホルダーほど、文字を書くスペースが大きすぎたり、デザインの主張が強くなってしまったりしがちです。

親切心から付けられたであろう「ラベルホルダー」が、自分にとっては「しっくりこない」。

過去にそんな経験をされた方も、中にはいらっしゃるのではないでしょうか。

ですからわたしは、引き出し式のケースに3M《スリーエム》のフィルム素材の付箋を貼り、中身をわかるようにしています。

つまり、ラベルホルダーのないところに、インデックスを自分で貼るわけです。

これは完全にわたしの好みですが、付箋はあえて小さめのサイズを選んでいます。だって「筆記具」「備品」「書類」「至急」などという文字が常に目に飛び込んできたら、美しくはないでしょう。

判読できる範囲でですが「小さく書く」というのが、今のわたしのたどりついたスタイルなのです。そしてそれを受け入れてくれたのが、無印良品の製品だったというわけです。

とはいえ強調したいのは「小さいインデックスはカッコいい」という点ではありません。

ここでの論点は、あくまで「使い手の工夫をどこまで許容できるか」という点です。

「わたしは大きなインデックスがいい」という人も、きっといることでしょう。

どんな要望にも応えられるデザインこそ、よいデザインです。だからデザインに「間」は必要なのです。余白は語るし、余白が相手に「考える間」を与えます。

それは、文章についても会話についても、言えることかもしれません。

最上位モデルよりも、こまめなバージョンアップ

買い物について。〝哲学〟というほどではありませんが、大事にしている信条があります。それは「最上位モデルを選ぶのではなく、こまめにバージョンアップをする」という原則です。

わたしは、この原則を仕事で使う機器についても適用しています。

「プロなら、一番いいものを選ぶんじゃないの?」

そう不思議に思われる方がいらっしゃるかもしれません。

ですが、デジタル系も含めてどんな機械も、開発の進むスピードというのはおそろしく速いのです。

せっかく最高の製品を手に入れたとしても、1年後、いや数か月後には後発の商品に追い抜かされ、古びてしまうことが珍しくありません。

それでは無駄な投資になってしまいますよね。

何より「次世代の製品に抜かされた」と知った時、気分が落ち込んでしまいます。

それくらいなら、最初から「標準的なスペックで、手頃な価格帯のもの」を選ぶほうがよいのです。そして、それが故障したら次世代のモデルに潔く買い替える。すると時流に取り残されることはありません。

たとえばパソコンに関して。わたしは「最高級」とか「最速」「最新鋭」というものをこれまでに買ったことがありません。パソコンはどんどん発達する「ソフト」を一時的に入れる「パッケージ」だと感じています。いつでも買い替えられる関係でありたいのです。

また、携帯電話についても同様でした。その「もの自体」への思い入れはないのです。話をするお互いの「言葉の質」こそが大切であって「もの思い」にふけるのは、そこそこにしておけばという気持ちがありました。

実際、デザイン性の高さで話題を呼んだインフォバーもタルビーも、「これぐらいでいいんだ」というベターがテーマになっていると思っています。ベストでないことはそれぞれのデザイナーが自覚しているでしょう。

このように「高いものに究極の良さがある」とは限りません。

まずは手頃なものから経験することをおすすめします。

最先端は人に近づく

時代は常に「最先端」を目指すものです。
そういう意味では携帯電話はスマホ以前の時代を代表する「最先端」でした。
しかし「最先端」は、時代と共に古びたり、廃れていくというのが常です。
携帯電話もご多分に漏れず、あっという間に淘汰《とうた》されていきました。
「いけていたはずのもの」が、いつのまにか「いけていないもの」になるわけです。

それ以降、わたしが感じているのは「最先端は人に近づく」ということです。
人間は必死に「最先端」を目指します。でも、そんな動きとは別の次元で、「最先端」が人に近づいてきてくれることもある。そんな気がします。

その最たる例が「聴く本」、オーディオブックの隆盛でしょう。
昨今、膨大な数の本が「聴く本」化されています。わたしの本もそう。予想をはるかに超える大きさの反響をいただいています。

「ナレーターの人材をどう養成していくのかが今後の課題かな」と思ってしまうぐらいです。もっとも、そこらへんの問題はＡＩで解決できるのかもしれませんが。
すでに「聴く本」のシェアは電子書籍に迫っていますし、逆転する可能性すら語られるようになってきています。

わたしの本について言うとすでに「紙の本」を持っている人が「外でも気軽に聴きたい」「家事をしながら聴きたい」などの理由で、入手されることも多いようです。「聴く本」という形が、今のところもっとも人に「優しい」のだと思います。

このように、わたしの過去の本は「聴く本」という最先端に近づいたのです。
「多くの人にわかりやすく伝えたい」という素朴な思いが、あれよあれよという間に読書の最先端（最新の形）に近づく結果となったのは興味深いことですし、示唆に富んでいます。

それとは反対に「優しい」というレベルに到達する過程にあるのが、金融関連の一般向けオンラインサービスです。

言わせてもらうと、年配者や未経験者に優しくないのです。

ホームページが見にくく、わかりづらい。

セキュリティーに関してもそう。認証が何段階にも分かれ、操作が煩雑すぎて、よほどの忍耐力がなければ、たどりつけません。

安全性を高めるため、という大義名分はわかりますが、ハードルが高すぎて万人に優しくないのです。

「あえてイージーに使えないようにしているのではないか」

そう勘繰りたくなるくらい、難しいのです。

これはソフトエンジニア含め、運営側が今の制約条件をクリアするのに精一杯で、余裕がないことの表れでしょう。「なんとか使える人」に寄り添うのが精一杯で、万人にまでは優しくなれないのです。

ですからわたしたちが「現状のシステムが使いにくい」と嘆く必要は1ミリもありません。ネットのシステムを「使いやすいもの」にしていくのは、大きな社会問題です。

一番の肝はやはり「パスワード」でしょう。何種類ものパスワードを設定してしまい、こんがらがったり、忘れてしまったり。お恥ずかしい話、わたし自身もそんな経験をよくしています。

そもそもスマホを使えない人、不慣れな人、所持していない人だって多く存在するわけでしょう。その救済策については、各企業に健闘をお願いしたいところです。

もちろんわたしだって、工業デザイナーとしてお手伝いできることがあれば協力は惜しみません。政府で諮問機関を設置する際は、呼んでいただければ尽力します。

このような過渡期、大改革期に〝当事者〟としてハブ的なメンバーとして力を発揮できるのは、わたしたち60代以降の人間だという気がします。

すべてのことは「失敗込み」で考える

上機嫌でいることは大切です。

少なくとも、気分が落ちないように。

「失敗慣れ」しておくことは大切な気がします。


そもそもわたしは失敗を「小さな失敗」と「大きな失敗」の2つに大別しています。

小さな失敗とは「ものをなくした」など、被害が自分の範囲でとどまる失敗のこと。

大きな失敗とは、誰かに迷惑をかけてしまったり、自分自身がけがをしてしまったりなど、より傷が深いレベルの失敗を指します。

「小さな失敗」に気づいた時。「あっ」と思いますし、気分が落ち込みそうになることはもちろんあります。でもそこで、瞬時に発想を転換させるのです。

「おかげで大失敗には至らなかった」

「おかげで大失敗を避けられた」

すると「失敗をしたのに、なんだか得をした」と思えてくるから不思議です。

このように小失敗を重ねることを、「失敗の経験値を積む」と呼んでいます。

いわば「失敗への心の耐性」を強くするのです。

するとその〝副作用〟で「新しいことへの挑戦」もこわくなくなってきます。

「さっさとやって、さっさと失敗して、さっさともう一回やればいい」

そんなふうに思えてくるのです。

つまり「おそらく失敗することもあるだろう」と失敗込みで、未来を考えられるようになるのです。これほど心が楽になることはありません。

「失敗」の振り仮名は「ガクシュウ」です。

そもそも日常の中で、ドジやヘマがゼロになるわけがないでしょう。
そうとらえておくほうが健全です。

だから「バカみたい」と自分でも思いますが、次の瞬間忘れられるのです。
やることや考えることは「他にも」沢山ありますからね。

ゲームは負けにいく

昔に比べると、世の中には楽しいものが沢山あふれています。だから「昔はよかった」とか振り返ってばかりいないで、今を楽しむのがいいと思います。

たとえば、ゲームだってそうでしょう。

意外だと言われますが、わたし自身はスマホで麻雀《マージャン》ゲームをよくしています。「花札」「クロンダイク」（ソリティアの一種）のようなカードゲームを好んでいた時期もあります。

その魅力は何かというと、おそらく「何も考えずにすむこと」でしょう。仕事や家事といったなんらかの作業を終えたあと。それまでフル回転させていた脳をクールダウンさせるため、まったく異なる部位を軽く使う感覚です。

そんなことを考えているのはわたしだけかしらと思っていたんですが……。ある時、報道で見かけた養老孟司《たけし》さんの取材風景に「何も考えずにすむ系」のゲームが映っていたので、なんとなく安心しました。

とはいえ、好きではないゲームもあります。何かを傷つけたり、相手を殺したりするようなゲームです。

たとえバーチャルであっても、わたしはそんなことをしたくない。

あとは、ロールプレイングゲームです。

凝り性ですから、その世界に没頭してしまい、現実に戻りにくくなってしまいそう。

そうなると時間を溶かしてしまいますからね。

つまりわたしが好むのは、何も考えずにすんで、負けても「楽しいひと時を過ごせた」と思わせてくれるゲームなんです。

むしろ積極的に負けにいって、「負け」を楽しむことすらあります。

花札でたとえると「ここで追い込んだら損する」とわかっているのに、あえてそこに注ぎ込み、「やっぱり駄目だった」と負けを楽しむ感じです。おかしなやつと思われるかもしれませんが「積極的に、むきになって負けにいく」わけです。

もちろん実生活で、そんな酔狂なことはしません。

だからこそバーチャルな世界でわざと羽目を外したり、負けを実感したりすることに、なんらかの意味があるのかもしれません。誰にも迷惑はかかりませんしね。

悩みとは、生涯付き合っていく

誰でも、何歳でも、そしていつの時代でも。生きている限り、悩みというのは湧いてきます。『風姿花伝《ふうしかでん》』の中で、世阿弥《ぜあみ》はこう嘆いています。

「安易な芸がもてはやされて、このままじゃ先が危ない」

これが600年前、室町時代の悩みなのですから驚かされます。

また才能に恵まれていたり、賢いからといって悩みがなくなるわけでもありません。

悩みの内容が、より専門的になったり、難しいものになったりするのですから、厄介なことに違いはありません。

また「悩みとは無縁に見える人」も、人知れずさいなまれていたりします。

たとえば、森繁久彌《ひさや》さん演じる「社長」がそのいい例でしょう。

東宝の「社長シリーズ」という映画作品群を覚えていらっしゃるでしょうか。

主として１９５０年代、60年代に製作され人気を呼んだ喜劇のシリーズです。

森繁さんが社長を、小林桂樹さんが秘書を、三木のり平さんが部長を演じ、フランキー堺《さかい》さんが毎回異なる強烈なキャラクターで登場する、ドタバタのサラリーマン映画です。

その中で、社長役の森繁さんと部長役の三木さんによる次のような会話がありました。

「えー、あの社長が悩んでいるなんて思いもよりませんでした」とのり平さん。

それに対して森繁さんは「人はどの段階にあっても悩みはあるものだよ」と答えるのです。この言葉は、わたしの座右の銘です。

つまり悩みとは、なくなる質《たち》のものではありません。

どこに行っても、何をやっても、いくつになってもつきまとうものです。

それを覚悟の上で、どう楽しく転化するか、自力で見出していくことが生きる醍醐味なのかもしれません。

解決しようとしなくていい

「時間」は万能薬ではありませんが、時間でしか解決できないこともあります。

たとえばわたしが本を出し始めた頃。ネット上でのレビューが気になってたまりませんでした。思えば一喜一憂していたものです。

批判的なレビューを見れば、それを字面通りにストレートに受け取り、ひとりでがっかりしたりして。

ですが歳月の力は大きいものです。自分に対するネガティブな言葉を見ても、まるで脊髄反射のように「そのまま受け止めること」はうんと少なくなりました。

また、以前見た批判的なレビューが本当に妥当なものだったのか。時間を経てから冷静に向き合うと、はっきりとわかります。それは「鈍感力」が磨かれた、というよりもむしろ「時間力のおかげ」という気がします。

このように、わたしの「解決法」は、まず「解決を諦めるところ」から始まります。焦るのが一番「解決から遠ざかる」と思っています。

一夜明けたら何もしないのに解決していることもあったりしますし。

実際「答えのない問題」は、世の中にいくつも存在します。解決をしていなくても、時間が自然とそれに覆い被さって「問題がなかったか」のようにもなります。

ですから「問題が起こった」と感じても解決を急がないこと。そして「時間力」も想定しながら、自分のコントロールが及ぶ範囲のことに地道に取り組むだけです。

どんな世界にも「その人らしい解決方法と、その結果生まれる形」があります。

第4章

お金と健康のデザイン

節約にも節度あり

節約は、生きていくうえでとても大切です。
無駄なお金は、使わないに越したことはありません。
わたしも、節約は徹底するほうです。

特に節約しやすいのは、トイレットペーパーなどの日用品でしょう。
底値を把握したり、安いお店を把握したりしています。

ただ、一つ気をつけていることがあります。
それは「節約に奔走する姿を人様に見せない」ということです。

生活感が滲《にじ》み出てしまうと、誘われなくなったり、心配をされたり。

人が遠ざかることもあるからです。

余裕のなさが伝わるのでしょうね。

「あの人、スーパーで値下げのシールが貼られるのをいつも待っているでしょう」

こんな風にご近所で噂《うわさ》されたら、困ってしまいます。

また、わたしが憂慮するのは「暮らしにさして困っていないのに、将来への不安から節約志向になっている人」が意外と多いのではないか、という点です。

退職金や、持ち家があるのなら。その上に年金もあるのなら。そんな場合、自分のためにどんどん使ったほうが健康にもよいかと思います。

我慢をし続けると、心が小さくなって、本当に必要なものを取り込めなくなりがちです。

また「お金を使うのがこわいのでタンス預金をしている」などの話を、見聞きすることもあります。

「お金を使うのがこわい人」は「すべてのことについてもこわい人」といえるかもしれません。まずはタンスを処分するところから始めてみてはいかがでしょうか。

また、節約に意識をもっていかれると余裕がなくなるせいか、人も寄りつかなくなります。

つまり生活の〝手段〟であるはずの「節約」が、人生の〝目的〟になってしまっている……。そんな方もけっして珍しくないようです。

ポイ活（買い物などでポイントを集める活動）もそうですね。

「ポイントを集めること」が日々の行動指針になるわけです。

するといつしか「ポイントを集めること」が人生の目的になっていく……というのは大げさでしょうか。

「ポイント集め」以外の楽しみや喜びを、忘れてはいないでしょうか。

節約も、ポイ活も、行きすぎると「上機嫌で過ごすこと」を忘れかねません。

また、寿命を縮めてしまうような気もします。

節約の本質とは「自分たちだけが安泰な状態」を目指すことではないでしょう。

節約をしたお金で自分自身を楽しませたり、他人を喜ばせたり、というところにあると思います。

節約にも節度あり。「きれいに貯める、そしてきれいに使う」という姿勢が、理想的なのではないでしょうか。

あとのページでふれますが、「無駄遣いは、人付き合い」です。

サンドイッチ流で「幅の広さ」を楽しむ

どんなものにもグラデーションがあります。

わたしは、その幅の広さをよく面白がっています。


たとえば食事の場合。名店のうな重をいただくこともあれば、スーパーで値引きされた弁当を食べることもよくあります。

海外で宿を予約する場合。清水の舞台から飛び降りるつもりで一流ホテルを取ることもあれば、ユースホステルや木賃宿に泊めてもらうのも大好きです。

撮影する場合。名機ライカに挑戦することもあれば、ｉＰｈｏｎｅで手堅く撮ることもあります。

このように、高いほうもリーズナブルなほうも、どちらも体験して初めて、その対象をよくとらえられる気がしています。

両極端に挟まれたグラデーションの中に、すべてが詰まっていますから。

要は視座の高さを、可動域の中で最大限に動かして、物事を広く見ることです。視座の高さを定めると、見える世界も一定になってしまうでしょう。

だから意図的に変えることを楽しんでいるのです。

どちらか片方の世界だけじゃ、息が詰まってしまいますから。

いわばサンドイッチ流とでもいいましょうか。

大事なのは、「高いほう」をいつでも気軽に体験できるようにしておくこと。カジュアルなジーンズスタイルでも「きちんと感」があれば、銀座和光で買い物ができます。いつ誘われても銀座にすぐ行けるくらい、フットワーク軽く、小綺麗でいることです。

「予金」のススメ

わたしはお金の「貯め方」に関してはけっしてうまいとは言えないので書けませんが、お金の使い方というか「諦め方」には多少の自信というかノウハウはあります。

それは「何に使ってもかまわないお金」を毎月一定額、用意しておくことです。

「1万円」でも「10万円」でもかまいません。


このいくばくかの余裕というか「予金」が結構重要です。

なぜなら日々「思いもよらないことが起きる」からです。


たとえばある時、キーボードの「M」が突然打てなくなったことがあります。

すぐにメルカリで中古品のキーボードを探して、手配しました。

またある時、プリンターが急に印刷できなくなりました。この時もメルカリで同等のものを探して買ったら、元よりも印字やインクの持ちが良くなりました。

要は、生きていれば「不意に何かしらアクシデントが起きる」のは避けられないわけです。でも、そのリカバリーにかかったお金も「予金の枠のうち」と思えば、悔しい思いは飛んでいきます。

逆に、そんな事態を「無駄遣いした」「余計な費用がかかってしまった」とマイナスに受け止めると「自分の気持ち」を消耗してしまいます。それが実は一番の「無駄遣い」なのです。ちょっとでも気持ちが落ち込むと、有限なリソース（資源）である「気力」が目減りしますからね。

そんな〝些事〟に頓着しないですむために「もともと無かったかのような予金」の用意は必要なんです。

また予金の使い道は「アクシデントの回復料」だけにとどまりません。

何に使ってもかまわないわけですから、「自分を楽しませるための必要経費」もここに含んでよいのです。

たとえばお酒好きな方にとっては、モチベーションを保ち続けるための晩酌用の酒代などもそう。わたしの場合は、服や靴、トートバッグなどのファッション代も、ある種の〝必要経費〟ととらえ、予金から捻出しています。

「それは必要経費ではなく〝無駄遣い〟なのでは？」

そんな見方もあるでしょう。でも限度を決めた中での〝無駄遣い〟は、心を健やかに保つことに大きく貢献してくれる気がしています。

言葉遊びに聞こえるかもしれませんが、そういった意味で〝無駄遣い〟は非常に有益です。

たとえば、行きつけのショップに定期的にお金を落としているから、店員さんとの会話が弾んだり、よい情報も入ってくる。わたしの場合、そんな側面は否めません。

つまり「無駄遣いは、人付き合い」。「無駄遣い」によって、コミュニケーションが、より豊かに、より広がるわけなのです。


「そんなに自由にお金を使っていたら、もったいなくはないでしょうか」

疑問の声も聞こえてきそうです。

でも安心してください。数か月も経てば「自由になるお金」を使うことにも慣れ、やがて〝飽きて〟きます。極端な浪費に走り過ぎることはありません。

また若い世代の減少が危惧されている今、「自分たちの世代がお金を使ってお役に立つ」。そんな気概があってもよい気がしています。

「損したくない」を手放す

家電製品を買ったあと。苦痛を感じながら、取扱説明書と向き合ったことはありませんか。

それはきっと「すべての機能をうまく使いこなさなければ」という思い込みがあるからでしょう。その意思自体は立派です。でも、その思い込みを手放すと、うんと楽に生きることができます。

そもそも、家電製品に搭載されている機能を、すべて把握する必要はありません。

また使いこなす必要もありません。

たいていの家電製品には「メインの機能」と、「ごく一部の人しか使わないサブ機能」

の2種類が搭載されています。

「メインの機能」だけで、自分の目的を果たせるのなら。それ以外の機能については知らなくてもよいのです。


もちろん、「ごく一部の人が使う機能」を新しく知って、それを使えるようになったとしたら……。それ自体はすばらしいことです。

また人生の幅が広くなったり、より心豊かになれるかもしれません。

でも、苦労を積み重ねた先に、それほどの価値はないかもしれません。


「メインの機能が使えるようになった！」

その電化製品については、そこで手放しで喜ぶ。それで十分ではないでしょうか。

もし、あとから「サブ機能」をどうしても知りたくなったら、その時に習得すればよいのです。

この「すべて覚えなくていい」というのは、わたしの生き方全般に通底している大事な原則です。無理をしなくてすみますし、ことが簡単に見えます。

そもそも人には生まれつき「損をしたくない」という欲求が備わっているようです。多少の無理もききますから、つい頑張ってしまいがちです。でも「頑張って得た益」が、見積もっていたよりも意外と小さいことはよくあります。

これは、バイキング形式の料理についてもいえることです。

「損をしたくない」「元を取らなくては」

そんな思いで普段よりも食べすぎて、お腹を壊したりしては元も子もありません。

「60点の出来」「60点の頑張り」「60点の達成度」……。ここでも60点がおすすめです。

わたしの健康論

健康という言葉を、どのようにとらえていますか。


体に痛いところが、ひとつもない状態。

症状や問題が、ひとつもない状態。

だるさや重さがなくて、快適に動ける状態。

つまり「不調も問題も、体にまつわる心配すらもない、盤石な状態」を健康ととらえている人が多いのではないでしょうか。


わたしの考える「健康」の定義は、少し違います。

ちょっと風邪をひいていたり、お腹を壊したりしているくらいのほうが〝健康〟というか〝健全〟な気がするのです。
それに問題や不調がまったくないと、「自分は健康だから」と体力を過信して、頑張りすぎたり、無理をしたりしてしまいがちです。すると、あとで大きなしっぺ返しがくるような気がします。

だから、多少の不調や問題があることを、許容する。
盤石でないことに、感謝する。
そんな態度で過ごすのが、わたしの健康法のひとつです。
体が盤石ではないからこそ、毎日を大事に、丁寧に過ごせるのです。

年上の巨人を見る

幼少時から、誰かに憧れた記憶がありません。特に成績が良いわけでも、特段裕福というわけでもないのに、いつも気持ちが満ち足りていて「ああなりたい」の「ああ」が無いのです。

つまり「誰々さんのような」という憧れや羨望が無いのです。

わたしはわたしのスタイルで、ここまで来ました。

もうそろそろ「残った」と言ってもよいでしょう。

プロ野球の落合博満《ひろみつ》元監督ではありませんが「オレ流でこれた」という心境は、年齢を重ねたご同輩には、かなりの程度まで共感いただけるのではないでしょうか。

「だからこれからも、いや生涯、なんらかの仕事に携わり続けていくのだ」

そう決めていらっしゃる方も多いはずです。

ここでは特にそんな方に向けて、お話ししてみましょう。

「年齢に関係なく、自分は仕事を続けられる」という気持ちでいるのは大切です。

すると年齢を重ねることすら、楽しみになります。

「そうは言っても……」と後ろ向きな気持ちが湧き起こりそうになったら。

あなたが目指す分野の大先輩を思い出してみてください。

60代以降、いえ70代以降の大御所がきっと何人かはいるはずです。


たとえばわたしのような工業デザイナーの場合、80代でも活躍されている方は珍しくありません。

また〝目標〟に掲げるには不遜な気もしますが、柳宗理《やなぎそうり》さんや渡辺力《りき》さん、長大作《ちょうだいさく》さんらは90代でも仕事をして、立派な業績を残されました。


おっとごめんなさい、「業績を残す」なんて言葉を使うと身構えてしまいますよね。

わたしの場合は「60代になっても『手伝ってほしい』と言ってもらえる存在」を目指してきました。そう言い換えると、心理的なハードルはぐんと下がるはずです。

「気分を落とす要因」は排除する

「まったく新しいことをスタートさせるには、多かれ少なかれ勇気がいる」

前にそうお話ししました（18ページ）。

もちろん、新しいことを始める積極性や行動力は、すばらしいもの。

負担を感じない限り、挑戦するのもよいでしょう。

とはいえわたし自身は、何かを始めようかどうか迷った時。

「それが〝気分が落ちる理由〟にならないかどうか」を見極めるようにしています。

たとえば、一般的によく取り沙汰されるのは「ペットを飼うかどうか」という問題です。

ペットがいてくれて、楽しい時間が過ごせているうちはよいでしょう。
でも、もしペットがいなくなった場合。途端に「寂しい」という感情にさいなまれたり、気分が落ちてしまったり……。そんな事態は避けたいのです。

この「気分が落ちるリスクはないか」というものさしは、ほかのさまざまな局面でも役立ちます。何かに迷った時。「気分が上がるかどうか」ではなく「気分が落ちるリスクはないか」に注目をすれば、かなりの程度まで失敗は遠ざけられます。

気分が落ちた時。自分の心を再び「上機嫌」のレベルにまでもっていくのは、なかなか難しくなります。
ですから「気分を上げること」より「気分が落ちない配慮」を積み重ねていくことが大切なのです。

「未来のストレス」が軽そうなほうを選ぶ

60代ともなると、体に突然異変が生じるのはよくあることです。
予想だにしなかった変化や不調が起こることも、まったく珍しくありません。
実際わたしも60代後半に、ちょっとした手術を受けています。
そんな体験も踏まえ、お話ししてみたいと思います。

いざ治療を受けて、病名がつき、治療法を決める時。
わたしたち患者は、決断を迫られることがあります。

「これから毎日、お薬を飲みましょう」
こんな一方通行のお達しであれば、迷うことはないでしょう。

大変なのは、患者側に判断を委ねられるケースです。
「手術をするか、しないか」などの複数の選択肢を提示された時。
たいていの人は、とても迷うはずなんですよね。
そして、結構消耗してしまう気がします。

わたしの場合、「手術を受けなくても、お薬で改善は可能です」と言われ、非常に迷いました。だって体にメスを入れるなんて、避けられるものなら避けたいですもの。
とはいえ「手術をすると、もとより健康になるかもしれませんよ」という殺し文句（救い文句）で手術に踏みきることができました。

もともとわたしは、工業デザイナーという職業柄、病院が嫌いじゃありません。
そこで使われている器具や機器を見ることが、すごく仕事に役立つからです。
そういった意味で、手術入院は貴重な機会。
こんな人は少数派でしょうが、機嫌よく過ごすことができるのです。

お医者さんや看護師さんに、ずっと冗談を言っていたくらいです。

むしろ「病院好き」の部類かもしれません。


大事なことは「自分がストレスを感じない状態を選ぶこと」ではないでしょうか。

わたしは、今と未来において「ストレスを、より遠ざけられる」「変わらず、機嫌よくいられそう」という気がしたので、手術を選んだわけです。

そこでガタのきた体を嘆いたり、ふさぎこんだりすることはありませんでした。


そもそも人間の体とは「機械」のようなもの。使えば使うだけ摩耗して当然です。

たとえば、ゴムなんてある程度使えば伸びて戻らなくなるでしょう。

それと同じで、使えば使うほど変わっていくのが真理なのです。

ですから「ピカピカの新しさ」にこだわり続ける必要なんてないはずです。

それとは引き換えに人生の経験値を手に入れたわけですから、ひたすら「にこにこと機嫌のよい存在」でいられたら、と思うわけです。

音楽の力を借りる

家で、音楽をよく聴きますか？

家で音楽を流す習慣がある方と、そうでない方。人は、この二通りに分かれるようです。

たとえば、本書の担当編集者の内田さんは「家ではまったく聴かない」と話されていました。しかし事務所に来られた時に音楽を流すと、「いいですね」ととても喜んでくださいました。

わたしも、音楽は生活を心豊かにしてくれると思います。

好きなのはビー・ジーズ、レッド・ツェッペリンなどの名曲です。ジャズも時々楽しみます。時代を超えて、やはり名曲は名曲だと思います。

こういったＢＧＭになるようなナンバーは、１曲数分間という長さでちょうどいいですね。映画などと比べれば、短いものです。

それで上機嫌になれるなら、あるいは気分の落ち込みを食い止められるなら。非常にお得な話でしょう。

なんといっても、人間は〝受容器〟ですからね。明るい音楽や心地のよい音楽を聴くと、その影響を受けて心まで弾んでくるのでしょう。

また、読書やパソコンやスマホの操作のように目を酷使することもありません。それに自分で音量を調節することもできます。活用しない手はありませんよ。

忘れちゃってもいいんです

「最近物忘れが激しい」と感じるなら。

今までの自分を褒めてあげましょう。

いろいろなことを、ちゃんと覚えてこられたのは、すばらしいことです。


物忘れを頻発していても、大事には至っていないのなら。

「忘れてもいいことが増えたのだ」ととらえましょう。

自分がどんどん身軽になっていけるのは、ありがたいことです。

忘れることを臆せず、どんどん本を読んだり、いろいろなものを観たりしていきましょう。そして、どんどん忘れていけばいいのです。

それでも残っているのが、あなたの知識です。

「覚えられない」ものには理由があります。

ですから、忘れてあげるのは良いことです。

「忘れられない」ものにも理由があります。

ですから、覚えておくのも良いことです。


太宰治もこう言っています。『正義と微笑』という作品の一節を、電子図書館の青空文庫さんから引用させていただきますね。


——何も自分の知識を誇る必要はない。

勉強して、それから、けろりと忘れてもいいんだ。

覚えるということが大事なのではなくて、大事なのは、カルチベートされるということなんだ。

カルチュアというのは、公式や単語をたくさん暗記している事でなくて、心を広く持つという事なんだ。

つまり、愛するという事を知る事だ。（中略）

学問なんて、覚えると同時に忘れてしまってもいいものなんだ。

けれども、全部忘れてしまっても、その勉強の訓練の底に一つかみの砂金が残っているものだ。

これだ。これが貴いのだ。


（出典『正義と微笑』太宰治著／青空文庫。引用部は適宜改行しました）


「カルチベート」（cultivate）という言葉には「耕す」「栽培する」という意味のほかに、「学習によって能力を育む」「教育で人を洗練させていく」などの意味もあります。

つまり「覚えること」が大事なのではありません。それより重要なのは「覚えようとすること」を通して、心を広く健やかに保つことなのです。

太宰治の言葉を、わたしはそう解釈しています。

何かを「覚えている＝賢さ」という図式からは、軽やかに卒業しませんか。

そもそも本質的な賢さとは「覚えている量」ではなく、「目の前のことを実際に解決できる能力」によってはかられるものでしょう。「多くの知識を蓄えている」「多くの本を読んでいる」というだけでは、油断につながりかねません。

自分自身の物差しで、何かを覚えたり、知識を吸収したりすることを楽しんでいきませんか。外山滋比古さんの言葉を引用しておきます。

——本に執着するのは知的ではない。ノートをとるのも、一般に考えられているほどの価値はない。

本を読んだら、忘れるにまかせる。大事なことをノートしておこう、というのは欲張りである。心に刻まれないことをいくら記録しておいても何の足しにもならない。

（出典『乱読のセレンディピティ』外山滋比古著／扶桑社）

手ぶらが一番

これからも活躍するために、また温かいつながりの中で生きていくために。

身軽であることが、まず大事です。


狭い道を通る時は、両手に重たい荷物なんて持っていないほうがいいでしょう?

それとまったく同じです。これから道は狭まるのですから、余計なものなんて手放すに越したことはありません。


もっともいいのは、〝手ぶら〟で軽やかに進むこと。

なぜなら、両手が空いていることで、急な事態にも臨機応変に、笑顔で対応できるからです。

行動半径だって広がります。荷物がないことで「もう少し先まで行ってみよう」という気持ちにもなりやすいですからね。

反対に、両手がふさがっていると、機敏な動きがとれません。遠くに行くことを億劫《おっくう》に感じてしまいがちです。チャンスを逃すことすら珍しくない。だから、手ぶらがいいのです。

「身軽になるために、何を置いていくか」という問題については、もちろん個人差があるでしょう。でも、それは本人が一番よくわかっているはずです。

この話は、物質的な面にとどまらず、人間関係やしがらみ、習慣など、目に見えないものについても当てはまるかもしれませんね。

柔軟さと適応力

60代になっても「手伝ってほしい」と言ってもらえる存在になるには、どうしたらよいか。具体的に考えてみましょう。

わたしは昔から好奇心が強く、さまざまな方面に関心がありました。ですから仕事相手の方が年下でも話題には困りませんし、アイディアを出すのに悩んだこともありません。とはいえそれだけでは〝いいお手伝い〟は難しいものです。

これは年齢を問わない話ですが、仕事を進めていくうえで特に重要な要素が2つあるように思います。

「柔軟さ」と「適応力」です。いずれも加齢と共に失われやすい気がします。

逆に言うと、この2つを意識して磨いていけば何歳になっても心強いはずです。

1つ目の「柔軟さ」から見ていきましょう。

その人が本当に柔軟であるかどうかは、人様から見て判断しにくいものです。
かといって本質的な〝柔軟さ〟など追求する必要もありません。

おすすめしたいのは、ニコニコしながら相槌を打ち、相手の話を聞くことです。
「ああ、そうですね」と相手の話に耳を傾けることで「柔軟性が高い」と勘違いしてもらえます。相手の話をさえぎらない、否定をしないというだけでも好印象を持ってもらうことができます。

(「自分の過去の武勇伝」「自分流のやり方」を、求められてもいないタイミングで持ち出さないことです)

「自分自身を曲げてまで愛想よくできない」

そう感じる方のために申し添えておきましょう。

逆説的に聞こえるかもしれませんが……。

「柔軟さ」とは内なる「譲れないもの」を守るための術《すべ》でもあるんですよ。


2つ目の「適応力」について考えてみましょう。

適応力とはさまざまな外的要因の変化を嘆かず、自分の能力をそれに対応させていく力を指します。コロナ禍を考えてみると、納得してもらいやすいでしょう。

コロナのせいで計画が保留になった、予定が中止になった、仕事がなくなった、付き合いも減った……。

一見〝マイナス〟に思える展開になり、大変な思いをした方はけっして少なくないはずです。シビアに聞こえるかもしれませんが、そんな状況に自らを適応させていくことも、非常に大切です。


たとえばわたしの場合、時間に余裕ができたので〝老体に鞭打《むちう》って〟新たな3Dのソフトを習得しました。

そして3Dプリンターも購入。「簡単な模型を作る」という技術も獲得しました。

おかげで、各方面とのやりとりがスムーズになるどころか、お手伝いできる仕事の幅まで大きく広がったのです。これは怪我の功名でした。

さらに言うと、それでもまだ時間に余白があったので、「Twitter（現X）に注力もできました。

（それ以前にもTwitterは少しやっていました。「本腰を入れて投稿をし始めた」ということです）

その結果、大きくバズり、出版社の方の目に留まり、立て続けに本を出す運びとなったのですから、人生は何が起こるかわかりません。つまりコロナ禍がなければ、このような形であなたと出会えることもなかったかもしれないのです。

禍《わざわい》を転《てん》じて福《ふく》と為《な》す。

しかし、そのためには適応を試みる行動が必須なのです。

もちろん、最初はうまくいかないかもしれません。

それでも、ある程度は続けることです。

わたしが新しいことを始める時。「できる」という確信はおろか、「やってやろう」という意気込みすらないケースがほとんどです。

たとえば本腰を入れてTwitterを再開した67歳の時。半年間ものあいだ、フォロワーさんは12人でした。でも「好き」ということもあり、淡々と続けていたのです。

「とにかくとりかかってみる」「とにかく続けてみる」

そんなスタンスですから、意気込みとのずれもなければ挫折感もありません。

実際に作業が進んだり、結果に恵まれたりすると、「案外やれるじゃん」と自分を褒めながらやっています。

デカフェとハチミツ

今までコーヒー周りの製品デザインも、数多く手がけてきました。

菱形《ひしがた》のコーヒーメーカー（Modern design for All）や、サーモマグカップが本体の一部になったコーヒーメーカー（deviceSTYLE）。

そして、直径80㎜の二重構造の磁器製カップ（セラミック・ジャパン）。

（いずれもありがたいことに現在は入手困難となり、数倍の価格がついています）


こんなわたしが、コーヒー嫌いなわけがありません。

毎日のように楽しませてもらっています。


スターバックスに行っても、もちろんコーヒー。それもホットが定番です。

好みをお伝えし、カスタマイズしてもらっています。

「ディカフェ・カフェミスト・トール・ソイミルク・ハチミツ2周」

これはわたしの健康の呪文でもあります。

「ディカフェ・カフェミスト」とは「コーヒーとミルクを合わせ、さらにふわふわのフォームミルクをのせた飲み物」のカフェイン無しのバージョンのこと。

トールとは「ショート」の次に大きい定番サイズのこと。

「ソイミルク」とは豆乳、そして「ハチミツ2周」は文字通りのトッピングです。

「デカフェ」「豆乳」「ハチミツ」という3つの要素が気に入り、事務所でもこれらを常備していつでも再現できるようにしています。

「ハチミツ」は甘味度が高い割にカロリーが低く、砂糖の3分の1で同じ甘味が出るといわれています。

そして「デカフェ」のコーヒーは、カフェインの過剰摂取を防ぐことができます。

近年、デカフェやカフェインレスを謳《うた》う焙煎《ばいせん》豆（粉）やドリップバッグも多いですから、ありがたいことです。

実際、わたしは心なしか体調が良い方向に変化したように感じています。

年齢を重ねると、それまでよくとっていた嗜好品についても見直し、バージョンアップさせていくのが善かもしれません。

事務所でお客様にお出ししても喜ばれるのが、また嬉しいところです。

実際、わたしは「健康のため」という意識をほぼ持たずに今までやってきました。

ことさら走ったりすることはありませんし、散歩の距離だってたかが知れています。

今後も、大きく意識が変わることはないでしょう。

だからこそ「健康志向なのに美味しいもの」は、ありがたい気がします。

菱形の
コーヒーメーカー
「MA-CM0701」
（2007年／
Modern design for All）

サーモマグカップが
本体の一部になった
コーヒーメーカー
「CA-3S」
（2004年／deviceSTYLE）

直径80㎜の二重構造の磁器製カップ「80㎜」
(2004年／セラミック・ジャパン[製造のみ]／写真提供:職人.com)

第5章

人生のデザイン

「余裕を生む仕組み」を作る

「時間がある」と悠長にしてもいけないし「時間が無い」と焦ってもいけません。ほどよい塩梅で、時間を使うことが大切です。

時間に追いかけられないためには、時間より少し前を歩くことです。

そうすれば「余裕を感じる瞬間」も増えますから。

とはいえ余裕とは、よほど工夫をしないと生まれません。闇雲に作業をするのではなく、余裕を生む抜本的な仕組みを構築するのが理想的です。

たとえばわたしの場合「1年は11か月」と考えています。

そして11月末に1年を振り返るようにしています。

12月は、いわば「予備月」なんです。自分なりの暦です。

もちろん実際は、急用が飛び込んできたり、予定が前倒しになったり、出張を入れたくなったり。「予備」の域を超えることもあります。でも、それでいいんです。予定がある、「未来にやることがある」ってすばらしいことですから。

冠婚葬祭の予定だってそうですよ。

「数合わせで呼ばれたんだろう」なんて勘ぐっちゃいけません。

そういった場に呼ばれること自体、それまで人間関係をきちんとメンテナンスしてきた証拠。誇っていいことです。

それに今まで自分が「してもらう側」だったことも多いでしょう。そのお返しと思って、役割を務めましょう。

すると、結局「余裕なんてない」「忙しい」ということになるかもしれません。

でもいいじゃないですか。忙しくしていた時間が「懐かしくなる時」は必ずやってきます。忙しさをありがたく味わいませんか。

終《つい》の棲家《すみか》をどうするか

昔の人の言葉に「家は3軒建ててみないとわからない」というものがあるそうです。とはいえ現代において「一度の人生のうちで、家を3軒建てる」というのは、なかなか豪快な話でしょう。

それに「1軒家を建てることが人生のゴール」というわけでもないので、そもそも話の前提からして異なりそうです。ライフステージや家族構成の変化、暮らし方や価値観に合わせて、もっと自由に考えていいはずです。

実際、わたしは居住区を変えることで、住まいのコストダウンを試みたことがあります。
結果は大成功。広さにかかわらず「どこに住むか」で支出額は変えられると体感できました。23区内で移動するだけでも、まったく違うのです。

さて、終の棲家について考えてみましょう。
終の棲家を選ぶ時、万人におすすめしたい条件があります。
それは「日当たりのよさ」です。
自宅以外の事務所も含め、複数の建物に住んできたわたしが断言します。
日がさんさんと差す中で、朝を迎えられるのは、それだけで気持ちがよいことです。
日を浴びながら仕事をしたり生活ができるのも、気持ちがよいことです。
光熱費も大幅に低減できます。
南側に大きな窓があると、それが叶います。お得すぎますね。
とはいえ「近隣に大きな建物が建つ」などの理由で、そんな好条件が一気に崩れるケースもあります。

以前、日当たり良好の物件を事務所として借りていたのですが、大きなマンションが2方向にできてしまい、日がほとんど入らなくなってしまいました。

「そのせいで体調が崩れたのではないか」と思いたくなるほど、日当たりのよさは重要です。

他は一般論になりますが、棲家を決める際には「ハザードマップ」を見ることです。ハザードマップとは洪水、高潮、土砂災害、地震などが起こった際の危険や被害を想定し、まとめた地図のこと。市区町村ごとに公開されています。

国土交通省が運営するサイト「ハザードマップポータルサイト」でも調べられます。

覚えやすい目安は「大学の近く」です。地盤がいいのは明らかだからです。

「家を3軒」建てなくても、こういった知見を積み重ねることで理想の終の棲家は手に入るのではないでしょうか。

最後にインテリアについて一言。

部屋をお洒落にするには、椅子、机、ペンダント（照明）、カーペット（ラグ）。この4点に「気合いを入れたら」、極論どんな家でも「様になります」。中古でもよいので「高品質なもの」にしておくと生活が潤います。

特に椅子や机は、いわゆるデザイナーズ家具がおすすめです。なぜなら質のいい家具は、下取りに出す時に高値が付くから。廉価だと価格が付かないこともあるんです。「買い取ってもらうことなど考えず、ずっと自分で使う」という方もいるでしょう。それならなおさら、よいものを選ぶべきです。いい椅子は体に優しいですから。

本当に高品質なものを中古で買って、中古として売る。

そんな選択もありますよ。

墓ない人生

「死ぬことが怖くない」という人は、すごいと思います。
誰だって、死は怖いに決まっています。

わたしは「死をどう迎えるか」というより「いかによく生きるか」という考え方をするようにしています。

たとえば「自分が突然いなくなっても、周りに迷惑をかけないこと」も、「よく生きる」という範疇に含まれます。ですから、遠い地方にある墓を自分の代で「墓じまい」して、あとに残る人たちに負担をかけないようにしたいと考えています。

そして「墓（の）ない人生」（儚《はかな》い人生）を実現しようかと思っています。

「自ら墓じまいをした場合。自分はいったいどこに入るのか」

そんな声も聞こえてきそうですね。

わたし自身、最後は金属製のオブジェに小骨を入れてもらえば、それでいいと思っています。小骨どころか髪の毛一本でもいい。

そのオブジェは、もちろんわたしのデザインです。


お墓を買ったり、維持したりするのも大変ですし、場所をとらない素敵なオブジェに入れてもらえばそれで十分な気がしています。

わたしの好きな円、三角、四角を組み合わせた形を今からデザインしようと思えば、心も躍りますしね。


「終わり方」も、自分が上機嫌でいられるようにデザインをする。

そんな選択肢もあっていいんじゃないでしょうか。

記憶のデザイン

記憶とは不思議なものです。

たとえば、「事実とかけ離れたこと」を記憶していたりすることがよくあります。

「このアイディアは、あの製品からもらった」という記憶を持ち続けているとします。改めてその製品を見直すと「そういう形をしていない」ということがよくあるのです。つまり、その製品を見た時にすでに「記憶をデザインしている」んですね。面白いものです。

このように「デザインできる」という記憶の性質は、さまざまなことに応用できるのではないでしょうか。

たとえば、「つらかった」「嫌だった」「苦しかった」というネガティブな記憶を捨てきれずにいる場合。忘れられずにいる場合。今までさぞ大変だったことでしょう。お疲れさまでした。

「残念なこと」として記憶するのはもうやめて、今から良い方向にデザインしてあげましょう。

わかりやすい例が、「欠乏」にまつわる記憶です。

幼少期。食べ物があまりなかった、物資が不足していた、楽しいことに飢えていた、温かさに欠けていた、愛情不足だった……。

そんな昔の記憶に苦しめられているのなら。今からでも良い方向にデザインしていきましょう。

「好きなものを好きなだけ食べる」「欲しいものを手に入れる」「自分がやりたかった体験に挑戦する」「会いたい人に会いにいく」「周囲に甘えてみる」。できることはきっとあるはずです。

プラモデルを買ってみる、シリーズものの玩具を大人買いする、スイーツや名産品のお取り寄せを楽しむ、疎遠になっている人に連絡をとってみる、身近な人にお願いして話を聞いてもらう。

今すぐできることが、沢山あるはず。そして、できれば徹底的に欲求を満たすことをおすすめします。

（もちろん「迷惑をかけない範囲」「破産しない範囲」でですが……）

どんな欲求も、自分が納得するまでとことん満たしてやると、飽きがきます。するとその欲求から、けろりと卒業できたりするものなんです。

「幼い時、本当はあれが欲しかったのだ」

「昔、本当はあれをしたかったのだ」

早くに気づけた人はラッキーです。昔からの欲求をうまく成仏させてあげましょう。するど残りの人生を、より穏やかに過ごせますから。

わたしも数十点に及ぶキャラクター製品を全部手に入れようと画策したり。人様から見れば同じに見えそうな洋服を何着も買い集めたり。「買い物」をいまだに楽しんでいますよ。

悪口を言われる程度に、やんちゃでいる

わたしは意図的に「やんちゃなフリ」をしています。やんちゃとは〝自由〟であることです。

とはいえ「時と場所をわきまえないやんちゃ」ではありません。たとえば直感的に気に入らないと、すぐに席を変えたり、お店を出たり。要は、誰にも迷惑をかけない範囲でのやんちゃです。

もちろん、即座に「ジェントル」に戻ることは可能です。だって「フリ」ですから。

いったいなぜそんなフリをしているのかというと「あいつはやんちゃだから」と悪口を言ってもらいやすいからです。「やんちゃ」という言葉には、かわいげがあるでしょう。

もしわたしが理路整然と、正論を振りかざして、理詰めで話してばかりいたら。はたまた相手を言い負かしたり、見下すような態度をとってばかりいたら。周りの人たちには悪い後味しか残しません。

でも「また、あいつのやんちゃにやられた！」と軽く受け取ってもらえたら。決定的に嫌われることはないでしょう。つまり誰も傷つけないように、平素は「やんちゃさ」で「辛辣さ」をカバーしているのです。

そして小気味よい悪口を言ってもらいやすくしているのです。

それは「陰湿な悪口」ではなく「ドライでからっとしている悪口」です。

ひいてはわたしの葬式も、そんな雰囲気であってほしいと願っています。

わたしにまつわる悪口を言い合って、皆さんでひと時、お酒でも楽しんでほしいのです。なんだか冗談のように聞こえるかもしれませんが、これは本気です。

悪口を言われるというのは、とてもありがたいことです。

悪口すら言われない状態は、「みなが無関心」ということですしね。本人がいないところで言われる悪口は、むしろ〝褒め言葉〟なんじゃないでしょうか。

また小気味のよい悪口を言われるためには「短所を上回る長所」があることが大事です。

短所を上回る長所があれば、その人は総合的に好かれることでしょう。

反対に、長所を上回る短所があれば、嫌われやすくなります。

とはいえ長所だけでは悪口が言えなくなってしまいますから、困ったものです。
(面白いものですが、人は長所だけで愛されるわけではありません)

具体的な数字でお話ししてみますね。
たとえ短所が「マイナス30点」だとしても、長所が「プラス40点」なら「いいやつだった」となるでしょう(つまり「30」というマイナス方向への絶対値と、「40」という絶対値を比べればよいのです)。

そのためにも自分の短所とは何か。どれくらいマイナスなのか。見極めることが大事です。

もっとも、自分の短所や長所を公言することなどありません。
周りのたいていの人は、口にはせずとも気づいています。
大事なのは「このままではいけない」という「短所の自覚」です。

とはいえ短所にこだわって反省をし続けていると、しんどくなってしまいます。ですから「短所をほどよく上回るレベル」まで長所を磨いたり、伸ばしていきましょう。

それは、デザインについてもいえることです。

わたしが携わったプロダクトの一つに、取っ手のない土鍋（「ｄｏ－ｎａｂｅ」／セラミック・ジャパン）があります。「取っ手がない」というのが〝短所〟なので、それを補って余りある長所を盛り込みました。

１つ目の長所は「熱源が真っ平らなＩＨコンロに対応しやすい」という点です。一般的に（コンロのような）直火《じかび》にかけて鍋を使う場合、底の形状は中華鍋のような半球形に近いほうが熱効率がいいそうです。ですが「ＩＨクッキングプレートでも使える土鍋」というテーマを掲げたため、平らな熱源に対応できるよう、底の形状をフラットにしました。

２つ目の長所は「収納がしやすい」という点です。

「外側に付いた持ち手」のかわりに「内側にくぼんだ持ち手」を作ったことで、出っ張りがなくなりました。そのため、うんと収納しやすくなっています。

３つ目の長所は「安定している」という点です。

従来のよくある土鍋のように底が半球形ではなく、円筒形になっています。ですから、熱源の上でも転倒しにくく、より安全というわけです。

いかがでしょう。これが「弱さを自覚したうえで、強みを伸ばす」という実例です。

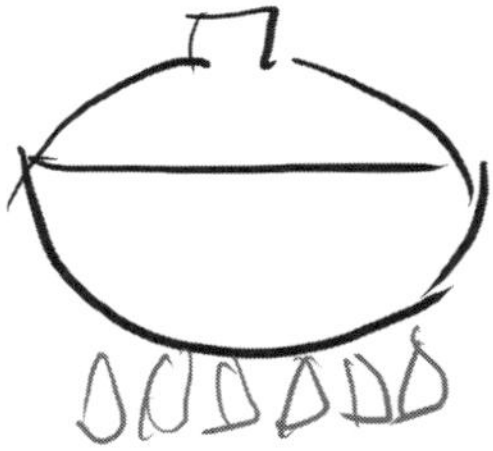

炎

IH

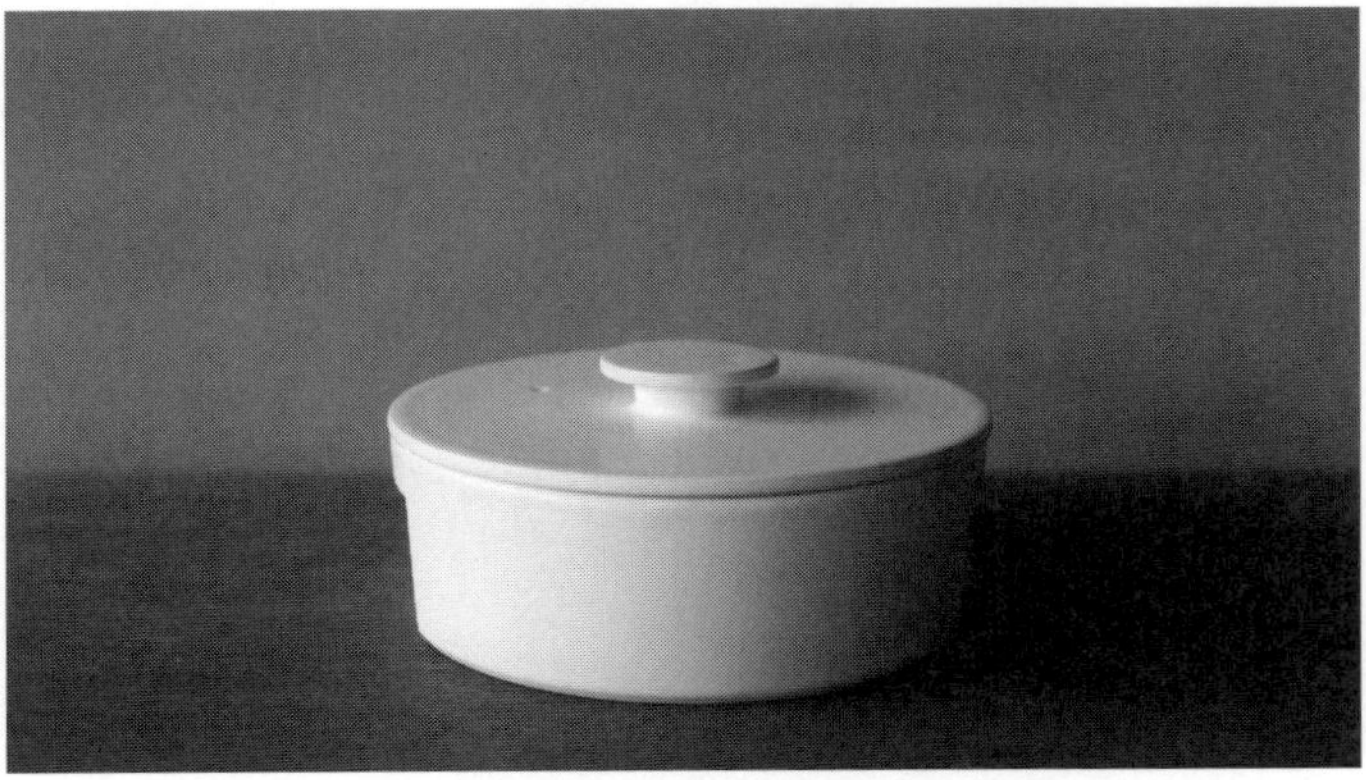

取っ手のない土鍋「do-nabe」
(2011年／セラミック・ジャパン／写真提供：職人.com)

おわりに

「あなたは自由です」ということが、この本を通して伝わればいいなあと思います。

「大人」について書きましたが、それにこだわる必要もありません。わたし自身「大人げない」人ですから安心してください。

大事なのは「諦め」です。人から期待される必要もなければ人に期待をする必要もありません。いや「期待しない」が一番自分を楽に自由にする「秘訣」のように思います。

実際、わたしは自分自身にすら期待をしていません。ですから「約束を守れるだろう」という期待もしないようにしています。

とはいえ約束を破るのはいけないこと。苦肉の策ですが「約束は、自分からはしない」ようにしています。そういう意味では、予約式の病院は苦手ですね。予約時刻を過ぎてから「今日が予約日ですよ」という電話を病院からもらうことがよくあります。

ところで、本書を執筆しないかというお話をいただいた時。「70歳を迎えたわたしのフォロワー数が多い理由」でも書ければいいかなと思っていたのですが、書き進めるうちに、はてよと気がついたことがあります。

「未来に関与したい」。そんな思いが、自分の中で強くなってきたのです。

若い頃に思い描いていた未来。それは、あくまで〝受け身〟であった気がします。

面白いもので70代を迎えてから「よりよい未来を創るため、デザイナーとして、またひとりの当事者として、より深く関わっていきたい」という能動的な気持ちがむくむくと大きくなってきたのです。

わたしは１９５３年（昭和28年）生まれです。気がつけばテレビがあり、小学校５年生ぐらいの時にはカラーテレビがあり〝子役〟の活躍が目立ち始めた時代です。

「戦後」をまったく引きずっていない子供の屈託のない演技（セリフ）に当時の大人は刮目《かつもく》して「なんだか違う個性の人たちが生まれてきたぞ」と評判になり、好景気と東京オリンピックの高揚感もあってか「現代っ子ルック」という子供向けのブランドが登場しました。

わたしは手塚治虫さんの『鉄腕アトム』や横山光輝さんの『鉄人28号』の漫画やアニメを観て育ちました。１９７０年の大阪万博の時には高校2年生でしたが、すでに工業デザインを学んでいたせいか、イタリア館に展示してあったシャープな自動車やＩＢＭ館にまさに「未来」を見たのです。

「２００１年宇宙の旅」も１９６８年に公開されていたし、その後にオイルショックが待っていたのですが、結局その後数十年を経てもあの時に経験した「未来感」を超えるものに巡り合うことがないまま今を迎えています。

しかし最近のChatGTPの出現は、久々の未来感です。と言いますか、過去に考えていたことがリアルになってきたのを感じます。

あと15年もすると日本の全人口の35%が「65歳以上になる」という話もあります。「現代っ子ルック」じゃありませんが、「これまでのシルバーファッションとは異なるスタイル」が生まれてもいいのかなと思い始めました。

「ああいう風に歳を重ねられればいいな」と若い人に思ってもらえれば嬉しいです。

また「誰にでも必ず訪れる〝老い〟が素敵な時期に思える本」になれば、望外の喜びです。

秋田道夫

秋田道夫　あきた みちお

プロダクトデザイナー。

1953年大阪生まれ。愛知県立芸術大学卒業。ケンウッド、ソニーで製品デザインを担当。1988年よりフリーランスとして活動を続ける。

代表作に、省力型フードレスLED車両灯器、LED薄型歩行者灯器、六本木ヒルズ・虎ノ門ヒルズセキュリティゲート、交通系ICカードのチャージ機、一本用ワインセラー、サーモマグコーヒーメーカー、土鍋「do-nabe240」、湯のみ「80mm」など。2020年には現在世界一受賞が難しいと言われるGerman Design Award でGold（最優秀賞）を獲得するなど、受賞多数。

2021年3月よりTwitter（現X）で「自分の思ったことや感じたこと」の発信を開始。

2022年7月からフォロワーが急増し、10万人を超える。著書に『自分に語りかける時も敬語で』（夜間飛行）、『機嫌のデザイン』（ダイヤモンド社）などがある。

60歳からの人生デザイン
―手ぶらで、笑顔で、機嫌よく過ごすための美学―

著　者　秋田道夫
2024年9月10日　初版発行

発行者　髙橋明男
発行所　株式会社ワニブックス
〒150-8482　東京都渋谷区恵比寿4-4-9えびす大黒ビル
ワニブックスHP　http://www.wani.co.jp/
（お問い合わせはメールで受け付けております。HPより「お問い合わせ」へお進みください）
※内容によりましてはお答えできない場合がございます

ブックデザイン　鈴木千佳子
編集協力　山守麻衣（オフィスこころ）
校　正　玄冬書林
編　集　内田克弥（ワニブックス）
印刷所　光邦
DTP　三協美術
製本所　ナショナル製本

ISBN 978-4-8470-7470-7　WANI BOOKOUT　http://www.wanibookout.com/
WANI BOOKS NewsCrunch　https://wanibooks-newscrunch.com/